放下人設，人生別急著找答案

迎接人生下半場的

So Long

The Halftime of My Life.

黃俊隆／著

American

American
American

American

放下人設，人生別急著找答案

So Long

— 黃俊隆／著 —

迎接人生下半場的 50 道練習題

The Halftime of My Life.

目次

第II節・Session Two

CityView
$5,000 EVERY MONTH GUARANTEED

7
20

UNION SQUARE
WEST

University Pl
FRANK CAPRA
CLOVER FARMS DAIRY
READING, PA
DIVINE DAYS
THE FOOD CHRONOLOGY

推薦序

重新定義屬於自己的成功

陳綺貞

那天收到簡訊，傳訊的人跟我認識的優秀經理人一樣，有條理，精準，溫暖，他以最快的速度鼓舞我燃起寫作的意念，在沒有壓力的狀態下丟給我值得思考的問題。其中一個，因為近年底，他轉貼某英文網站問題，問我：「你會用什麼字形容二〇〇一至二〇二〇這二十年呢？」我還沒回覆他，但我認為是「redefined twenties」（重新定義的年代）。這二十年，老不只是年齡的累積，而是偏見的堆疊有多深厚到不可撼動；距離可能不再是里程，而是漠然的程度；成功，不單是按讚或存款的目標數字，而是在人類有歷史以來最長卻依舊有限的生命裡，感受到幸福快樂的時間，占據生活的比例。

場景回到二十年前，唱片公司同事向我介紹公司招考了一位新進員工。當時唱片圈大都是引薦人才，他們特別說明，這位剛退伍的同事，難得是以筆試最高分進來的。與一般唱片業時髦個性的外觀很不搭，他像文學院那種會認真上課的同學，樸質的打扮與開門見山式的笑容，講話拖著長長的尾音——「嗨！我是俊隆」。於是我對他的印象就一直停留在，這是一個很會考試，與環境格格不入卻很自在的人，似乎跟我有點像。

本書作者俊隆，動筆的此時我對他的印象仍停留在二十年前那次招呼，看完他寫的書以後，我認為我應該，也必須為他寫序。他在四次托福考試都沒過的狀態下拿到國外碩士文憑；在最講究年紀與身形的運動界找到自己年屆不惑仍能發揮的場域；在對種族與經歷仍帶有成見的美式環境中得到應有的尊重。他懂得保存自我，從來不是以直接衝撞的方式，面對無法適應的體制。他深黯集體淺意識，也理解主流人性的觀感；他接納既定的成功規範之後，再用自己摸索到的方法超越那些規範，自訂遊戲規則，目標不是贏了誰或只為了證明什麼，而是讓自己的人生充滿樂趣，附帶了精彩且興味盎然的故事。

有時候我會問自己，我為什麼需要知道曾之喬的穿搭；看陳芳明的隨筆；老高小茉又分享什麼趣談；俊隆又做了什麼離奇迷人的決定？這些人使用生命，享用時間的方式，總是充滿熱情而輕易感染身邊的人。我的思緒回到遠古時期——發現了火與海洋的人，把這件事情告訴族人，有的人畏懼，編織著傳說耳語，有的人取用來讓自己生存更豐足。還有的人充滿好奇，想探究火是多麼有趣，探究海洋的後面是什麼，就這麼走近火，走進海洋，其他人跟隨著，於是看見了煙花，踏進新世界。是這樣的人類基因，總有人能點燃就快要沉悶枯死的靈魂，繼續投注熱情在單純帶點傻氣的夢想。

王爾德說：「我們都活在溝渠裡，但仍有人仰望星空。」順著這些人執著的眼神望去，我們也發現了星空，相信自己也能在生命不可免除的限制之中，為自己重新定義屬於自己的成功。

推薦序

一位沒有夕陽的曲球投手——說說我的朋友俊隆

詹偉雄

在我的朋友當中，俊隆是非常特別的一位，因為他說消失，就消失得非常徹底；當他想做某一件事的時候，就像火箭升空，迅雷不及掩耳。

此外，在「斜槓」這個概念還沒有被冰島國家足球隊帶起流行的時候，俊隆就已經將斜槓的特質發揮得非常極致，譬如說：當他一面是自轉星球出版社老闆的時候，他另一分身是插畫家彎彎、宅女小紅與聶永真的經紀人，他還組了一支社男乙組的棒球隊，並且身兼投手。自轉星球顧名思義，是一個人的出版社，但他顯然沒有如同傳統出版社般，守住某一個出版方針，長期耕耘，相對的，他在某段時間裡對某一個主題感興趣，就跳下去做書，出了幾本，他就連巡田水的身影都沒了，因為他又跳到了另一個距離遙遠的出版類型裡，於新天地裡揮汗如雨。

有一陣子，他邀我和幾個朋友一齊打桌球，我們幾個大叔被他挑起中年魂魄，在新店一家出版社的電梯間裡，拚殺起來，大夥逐漸燃起興致，不料，有次他以「保護手臂」為由，缺席了他發起的桌球社團，就再也沒有出現過了，那只好幾千塊貼皮訂做的球拍，孤零零地躺在儲物櫃裡，任憑它年華蒼老，被球友們借來借去，也不來取走。

打棒球，倒是作為一位旁觀者的我，得以辨識出他唯一持之以恆的志業。為了保護手臂，他說他必須毅然決然放棄桌球，因為肌肉用力一不對，他很可能就不能投球了，我聽聽，想他怎會如此認真以待啊：我們都愛看大聯盟棒球沒有錯，也喜歡推敲在那個億萬美金的產業裡，投手的手臂該如何被恆常地守護與訓練，才能讓球速維持一以貫之的剛猛，九十五、六英里時速，進入本壘板時還能有尾勁奔竄一下；但畢竟我們是球迷而不是真正的選手啊，我應該既能丟棒球又能打桌球，黃昏時候到籃球場鬥個牛，應該也ok吧。但俊隆可不這麼想，他很認真地當一回事，還請了重訓教練，一心想有朝一日能成為乙組王牌投手。

在他後來閃退出國唸書之前，我常在臉書上看到他頻繁地分享比賽實況與成績，雖然他是棒球隊名義上的老闆（隊名也叫「自轉星球」），但他能不能夠上場，據說還是得看隊長的調度，好幾次，我看到他對自己表現不佳的自責，也有些時候，因為不能上場而不免流露懷才不遇的喟嘆。我的心裡又再度響起旁白：你的球速不夠快，而且年紀也是一把了，雖然你說練就一顆蠻具有角度的曲球，可以讓打者打不好，但是——拜託，我們都是棒球世界裡的無名小卒好嗎？我們為什麼不讓身體能獲得一陣陣的歡快就好，幹麼要在輸贏頂多一罐啤酒的社會乙組河濱球場，扛起 Roy Halladay 要衛冕賽揚獎的那般重責大任？

二〇一三年，俊隆到波士頓遊學，臉書上得知他居然搞到了世界大賽的門票，因此央求他一定要裝幾克的芬威球場紅土，給我做個紀念。紅襪隊的主場芬威球場是一家百年歷史老球場，受限於四周街道和既有房舍，無法擴建，因此只有 37449 個座位，平常已是一位難求，更何況是季後賽和世界大賽，我想他就是這麼執著的一個傢伙，終究給他摸著了門路，他快言快語地答應，而且也在紅襪奪得世界大賽冠軍的那個混亂場面中，溜進場邊，請工作人員幫忙抓了好幾把泥土。結束波士頓的行程，他搭灰狗巴士到紐約，準備再玩上一個月，沒想到在紐約的轉運站大廳，他昏昏沈沈小憩片刻，最大的行李被老到的慣竊拖走，在臉書上，我們這批越洋臉友看到他鉅細靡遺地描述著慌張報案，又多所屈辱的心聲。我其實一直到現在才敢數落他：你看十月份在芬威球場搶到門票的得意忘形，還是會被上帝抽取一些稅金，以為平準。後來，警察通知他，行李箱找到了，但待等他到了警局，發現裡頭所有東西都不翼而飛，當然也包括要給我的那一小瓶——一九一二年傳奇球場的鎏金紅土。

二〇二〇年的某一天，收到他捎來的消息，說他已經在美國念完兩年書，回來台灣了，叫我帶著棒球手套，到民權公園球場找他傳接球。這之前，我已失去他音訊三年多，原本活躍的「林畢魯」(喝啤酒)霎那間關掉了臉書帳戶，一陣煙似地蒸發不見了，顯然我們在網路上和他的藕斷絲連，嚴重妨礙著他認為當下正重要著的事，因此必得除惡務盡，遠離塵囂，如同當年拋棄桌球鞏固棒球一樣。

收到出版社寄來的《放下人設，人生別急著找答案》書稿，這才知道他在美國讀書，取得了一個碩士學位，紐約花花世界，城市博大精深，為他帶來不少大叔式成長，也讓他感受到異鄉亞洲人必得苦惱的種族歧視，他的書寫算是奇特：總是先丟給自己一個命題，然後透過親身的遭遇和經驗，來對命題推敲咀嚼，然後得到一種「正—反—合」辯證法的暫時結論。

看完他這趟描述中年轉折的人生記錄，慢慢明白他那著迷於「徒勞的投球」似是有跡可循，俊隆在他的人生裡，作著一些旁人看來光怪陸離的選擇，其實都有他的生活反思作為基底，他是一個追求內在酬償遠大於外部酬償的人（當然要平衡企業的財務，對他也非難事），任何事，只要身體置身其中興味昂然，在時間擺渡中覺得意義豐富，那又何必在乎別人的眼光與期待呢？

在台灣當今的發展軌道裡，要大叔們在他的黃金年代創造人生轉折，是一件很重要的社會工程，大叔過多了功成名就的人生，被一個接一個的敘事結構綁住，人生看不到另一面，但是這眼前的時代卻需要全新的思維圖譜，無法蛻變的大叔們，只會一個接一個被推往夕陽邊上，反之，一位內在不時解析自身憂愁滋味的中年人，卻有可能在時代中重新找到社會接合點，創造出人與事的新鮮味。

俊隆的書，推薦給徬徨時的所有人——有一天，你終於能毅然關掉臉書，在陌生地當一個風雲投手！

推薦序

我那位獨特，充滿學習熱忱的大叔留學生

葛林‧葛斯納（紐約聖約翰大學運動管理研究所前系主任）

我與黃俊隆初識在二〇一七年夏日某天。當時，他帶著學習的高度渴望，來到聖約翰大學運動管理研究所就讀。但依據我們系所的規定，他必須先完成英文精進課程、足以證明他的英文能力夠好，才能修運動管理系上的課程。

某天，當他的名字出現在我的行事曆上，附隨著我的祕書琳達標註的「想要選修運動管理課程」，我當時翻了翻白眼，心想：「又來了！」我明白為何學生都想要儘早就讀研究所課程——其實很簡單，都覺得越早開始，他們能越早畢業。

但是，如同那些多數首次旅居國外的華裔學生，在他們充份適應旅美生活之前，他們根本不該在毫無合理充份準備、英文能力不足

的情況下，去面對課程帶來的痛苦掙扎。於是，我鐵了心，決定和俊隆見面時直接老實不客氣的告訴他，在進入研究所就讀之前，至少要先念完一學期的英文課程。

後來，我們進行了一場非常正面、讓我也獲益良多的討論。我依據標準官方的說詞，告訴他我們系上的規定。不過，他所展現的某些特質，促使我開始思考：也許，我應該打破慣例，做出我鮮少會做的決定，也就是：給他一個機會。

其實他的英文表達能力還可以，而且似乎很常用「中英辭典」。聽他娓娓道來，我察覺到他不同於其他我所認識的華裔留學生，他渴望學習的態度也和許多美國學生不一樣。面談過程中，他多次打斷我，要我解釋我所說的字——什麼意思、該如何運用等等。然後，盡職地在他隨身攜帶的本子上做筆記（當然是用中文）。

每一年來到聖約翰大學就讀的華裔留學生，沒有上百個，也有數十個。但我很少見過有接近四十歲的，亦鮮少有華裔留學生會主動來找我，試圖說服我讓他們提早進入系所就讀。俊隆似乎對於我的論點，事先準備好了他的答案，也就是——他的熱情。他在一個陌生的國度，在一個幾分鐘前才認識的人面前說話，卻帶著一定程度的自信與成熟——許多此刻坐在我辦公室的研究生都缺乏的特質。

最終，我決定允許他選修秋季學期的「運動管理入門」課。我盡我所能地勸告他可能得面臨的問題：有許多報告得寫、要上台做許多提案，相較於本國同學，對英文非母語的學生來說會處於很不利的情況。但這些對他而言似乎都無關緊要——他將會堅持下去，並且成功，沒有任何事可以阻止他。

毫無懸念地，他在那堂課拿到了A的成績。該堂課教授是大衛·海倫，在台灣待過多年，他是我們系上最嚴厲的教授之一。我不僅確信海倫教授不可能為俊隆放水，同時深信只要俊隆和海倫教授一起學習夠久、夠努力，一定對他的英文寫作與會話進步有很大幫助，也只有海倫教授能夠以他的方式，提供俊隆需要增強的自信。

在二〇一九年五月畢業前，俊隆拿到了3.92的平均成績（滿分為四分），僅僅只有兩科拿到A-，其餘全A（93分以上）。我當時根本不知道，他會是一位有足夠能力應付我們系所課程，同時還能成為班上畢業成績最佳的學生之一。

當俊隆邀請我為他的書寫序，作為答謝我當時對他的支持時，我感到非常榮幸。不過，教授所能夠做的也僅如此——學生們自己必須有想要成功的決心與企圖。我只是提供一點指引、鼓勵之類微不足道的事，協助他們完成碩士學位。

俊隆是個非常獨特的人，他的書，證明了他的不凡。

自序

我們渴望出發，並非為了抵達

這是一段放下、啟程、未知的旅程——從不確定能否出發；不確定能否畢業；到不確定未來會如何。

這趟旅程，在我的人生下半場仍持續延續著。

二〇〇四年，我二十九歲，創立了一家出版社及創作者經紀公司。二〇一七年，我四十二歲，買了生平第一張單程機票，做出人生至今最重大的決定——暫時放下成立了十三年，營運相當穩定的公司，啟程前往紐約攻讀碩士學位。當時的我，完全無從想像接下來兩年的學生生活將會是怎樣的樣貌。事實上，我甚至從出國前到出國後總共考了四次托福全未通過，而懷疑自己可能畢不了業，也做好隨時得打包回國的心理準備。

萬萬沒想到，原本加上語言學校總共需時三年的課程，我僅花兩年便取得學位。一如我們生活中那些「料想」自己似乎過不了的關卡，總在我們跌跌撞撞闖關後，才發現「原來，我可以」、「其實也沒那麼難」；而最初馬拉松般的千山萬水，也只不過是浮光掠影的人生一瞬。取得「文憑」後，我常帶點空虛回想：這就是我千里迢迢所要追求的目標？然後回憶湧現——即便跌跌撞撞，旅程中的每一步，全烙在心底遠比那「證書」重要的位置。原來，我們渴望出發，並非為了抵達，而是經過。

直到畢業回來，我仍不確定當初這決定，對我的人生下半場會有什麼樣的影響。但我慶幸當時選擇奮不顧身啟程，留下這許多事先完全無從想像的珍貴記憶。

以下就是我決定放下一切——物質或各種抽象的人設身分，進行人生中場休息時間的故事。希望你可以在字裡行間，找到屬於你自己人生答案的線索或啟發。

第一節

·

Session One

放下・So Long

下定決心，
給自己一段
中場休息。

這不是我要的人生——你是不是活在「人設」裡？

你曾經想過要成為怎樣的人嗎？童稚時期的你與踏入社會後的你心中所想，有沒有什麼不同？

「我們社會裡面不那麼精確來講的話，大概分為兩種人：集體人及個體人。集體人，人生安身立命的方向來自社會既有成規的指引；個體人不太一樣，他的生命情感裡隱隱然有一種騷動，覺得自己有特別的發展方向，而他的生命活下來的軌跡，唯一的任務就是把這個方向實踐出來。」作家好友詹偉雄曾如此形容。

我的人生上半場無疑屬於後者。用世俗一點的語言，個體人，就我的解讀，差不多就是那些「活出自己想要的樣子」的人。我全然不記得兒時的自己是否期待長大後的模樣，但很幸運地，從出社會後，我始終擁有絕對的自由，選擇並從事我喜歡的工作，過著自己想要的生活。

初入社會的頭幾年，我並不那麼確定自己有何特別的人生發展方向，只是不斷吸收各種生命經驗的養分。直到二十九歲，二〇〇四那一年成立了當時媒體慣稱為「一人出版社」的自轉星球文化，我才終於非常篤定，過往種種經驗在心中累積、醞釀出的那股騷動力量，即將促使我走向自己所渴望的生命軌跡。

創立自轉星球，起源於我對當時出版產業生態的某些高度期待，心底有股強烈的欲望，促使自己去嘗試一些創新與衝撞，讓出版環境有機會呈現出我所期待的不同樣貌。也許是幸運地遇到了所有天時地利人和條件兼具的最佳契機，又或適逢某種歷史發生的必然性——當時台灣出版環境，正需要一家像自轉星球這樣的出版社，即使不是自轉星球，也將有其他類似特質的出版社會嶄露頭角、掀起改變。

當時，媒體常稱自轉星球為獨立出版社，在那個年代，獨立出版社並不像現今百花齊放，也因此自轉星球特別獲得眾多媒體、書店、讀者乃至作者的注目。例如，極其幸運的，從隔年二〇〇五年到二〇〇七年連續三年，自轉星球及我被《誠品好讀》選為年度「最佳獨立出版社」、「推薦出版人」、「注目出版人」，對當時自恃憑一己之力，可以在出版市場有些創新作為的我來說，是極為重要的肯定。

二〇〇六年《誠品好讀》在介紹「年度推薦出版人」時，如此形容才甫滿周歲的自轉星球：「自轉星球入江湖一年，成績亮眼，順利加入公轉行列。成功建立一人製作模式，從企劃、執行、視覺、行銷，十八般武藝都有聲有色，品質絕不泡湯摸魚，產品信用也可靠，讓眾多出版個體戶有了仰望效法的新高度。依舊能量創意源源不絕，是少數讓人會興奮期待的出版社。雖是名獨行俠，眼前大概是門前車馬喧，不必去獨釣寒江雪。」

甫創業便獲得眾多肯定與高度期待，或許自彼時起，我心底便默默開始背負起某些自許的使命感與責任，或者說「旁人期待的眼光」——無形的人設角色需要扮演好，然後以百米短跑的衝刺速度，加速完成心中各種創新的想法與可能性。或也因此注定了，當日後自轉星球逐步轉型為一般人眼中企業式經營，當現實與理想開始不斷拉扯；百米短跑變成馬拉松競賽，早習慣隨時全力衝刺的我，漸漸開始體會到必須有所轉變。

二〇〇五年對自轉星球及我來說，是極為重要的關鍵年。年初，我陪同並協助如今被媒體冠稱「葛萊美大師」的設計師蕭青陽，前往洛杉磯出席首次入圍葛萊美獎年度最佳包裝設計頒獎典禮（如今他已累計入圍五次）。當時腳踩在全世界最高的音樂殿堂上，看著頂尖音樂人受到高度的尊重待遇，我在心底默默立志，希望未來成為一名創作經紀人，幫助更多台灣的創作者得到應有的尊重與肯定，及被全世界更多人看到。

返台後，我開始動筆撰寫蕭青陽累積十八年的唱片設計故事，在年底出版了《原來，我的時代現在才開始》。同一時間還出版了當時被封為「部落格天后」彎彎的第一本書《可不可以不要上班》，跌破所有出版圈眼鏡，創下破二十萬冊的天字銷售紀錄。我隨之簽下彎彎的全經紀約，並義務協助處理蕭青陽的經紀事務，開啟了我日後出版人兼創作經紀人雙重身分的工作生涯。

經營彎彎品牌的成功，使我陸續順利簽下二〇〇一年在唱片公司時便認識的設計師聶永真，以及被稱為「胯下界天后」的宅女小紅等人的經紀約、出版他們的書籍作品，全都創下亮眼銷售佳績。這些成果使我心生更大的野心，不停想挑戰更高難度的作者及作品。

二〇〇九年，經過我三顧茅蘆不願放棄，才終於成功說服廣告圈眾所周知難搞的廣告教父孫大偉，出版其生前最後作品《孫大偉的菜尾與初衷》。

二〇〇八年，我第一次經歷了親人離世。從小在農村社會長大，幾近隔代教養撫養我長大的奶奶，在當年離開這個世界。那段告別生命中重要親人的歷程在我心中持續徘徊發酵，直到二〇一二年，我決定將之轉化成作品，出版了僅有三期的《練習》雜誌。

雖然創業沒幾年，出版才約二十多本書，但我開始偶爾意識到挑戰的瓶頸，似乎很少再有令我覺得興奮、渴望挑戰的題材。後來心想或許可以改挑戰出版雜誌，但又有感於台灣雜誌市場的多元蓬勃，往往一本新雜誌才剛創刊，不久便因難敵市場考驗而黯然退場。最終我找到了令自己滿意的完整企劃概念，將《練習》雜誌分別以每本雜誌最重要的三期——試刊號、創刊號、停刊號為名發行，隱喻當時雜誌的生態現象，而《練習一個人》、《練習在一起》及《練習說再見》為名的主題，則回應了我那段面對親人離去的經歷，最後以「人生是段反覆練習的旅程」做為《練習》雜誌的定調 slogan。後來《練習》雜誌累計銷售突破六萬冊，並且帶起一股「小雜誌的逆襲」的風潮。此後，台灣各式各樣的獨立刊物如雨後春筍般問世。

然而，就在這段時期，無論自轉星球，或是我的人生與事業，都在看似令人稱羨的底下悄悄起了化學變化。那一段約莫十年，以極速行駛在一路暢行無阻的高速公路上的旅程，讓我在接下來的數年間，不停試著踩煞車、放慢速度，回頭檢視自己。我常想起孫大偉書名裡的「菜尾與初衷」，然後反問自己——這是我想要成為的樣子嗎？我還抱持著當時的初衷嗎？如同日本導演是枝裕和的電影《比海還深》文案：「不是每個人，都能成為自己理想中的大人。現在的你，是當初所想像的樣子嗎？」我開始想像、找尋自己往後人生任何「可能的我」想要的樣貌。

放下人設，未來的生命才會有驚喜

你是否曾經想放下對自己的某些人物設定？無論是工作上、生活裡抑或社會中，具體或抽象的任何角色。

從小到大，家人親友習慣稱呼我阿隆，連踏入社會，陸續進入唱片公司及出版社工作後，這個稱呼也一路伴隨著我，它總能讓我感到相當安心自在——我還是小時候那個我，憨厚土土的，帶著農村成長環境所給我的鄉土純樸養分。

直到成立自轉星球，從彎彎在她的部落格及書裡稱我為「社長」開始，漸漸地，在各種工作場合上，越來越少人喚我「阿隆」，我越來越常被稱呼為「社長」——這個我從小到大未曾想像過的角色。即便打從心底覺得彆扭不自在，但遷就現實工作環境，我也就揹著這個角色一路往前。

創立自轉星球前五年，我骨子裡始終住著阿隆這個角色，帶著鄉下人吃苦耐勞的精神，過著他衷心期待並且樂在其中的生活。當時的我沒有辦公室，將租屋處兼公司使用。心底那股對親身學習出版、經紀等各種實務環節的極度渴望，使我在那五年間刻意不聘請任何員工，一切全由自己親手包辦。雖然過著幾乎生活離不開工作的日子，卻是如今回想起來最自在，也最難忘的回憶。

從二〇〇九年起，我終於開始聘請員工，也終於擁有辦公室。循序漸進地將公司規劃成出版與經紀兩個不同營運部門，希望將我前五年所積攢的經驗傳授出去。隨著公司規模一年年壯大，組織最蓬勃時來到了六位夥伴——我心中小型出版社的極限。大約自二〇一三年起，終於穩定地上軌道，但我的生活卻悄悄產生轉變。我從原先創造者「阿隆」的身分，轉變成經營管理者「社長」這個人設，多數時間，我的力氣全花在扮演好這個角色。

自轉星球的成功，讓我成為了經營管理者，這角色是我人生上半場的偶然，卻非我最初的本意。那時起，我不時察覺到，自己與那身分的格格不入。每天進公司最主要的工作內容，慢慢轉變成行政管理上的文書作業，以及大小無數的會議或訪問。而由於各部門同事亦紛紛步上軌道，足以完全負責主要作業，大多時候放手看似是我最好的選擇。因此，難免有時完成的作品，我並非真正全然喜歡。

我不再需要，也無法將主要時間及精力發揮在創造作品上。那樣的工作內容，或許看在一般人眼裡，會覺得如此輕鬆的職務令人求之不得，有什麼好不滿？但我打從心底覺得那樣的生活極其無趣。

彼時的我，心理層面上就像是職業網球員，馬不停蹄地巡迴征戰全世界各大賽事後，終於拿下所有選手夢寐以求的四大滿貫金盃，所有持續訓練培養出的精力已盡數消耗殆盡，望眼未來的職業生涯，一時間，彷彿再找不到繼續征服挑戰的目標與動力。

這情況持續到二〇一六年，終於來到了臨界點：十幾年創業的消耗，不停產出、不斷循環重覆的工作內容，使我感到疲乏無趣，渴望更多的 input 養分灌注。我的人生從來未曾能好好安於現狀。於是我開始認真思考：如何才能放下當時的人設身分，找到未來我想要的樣子。

別眷戀眼前的安穩，何妨嘗試越級打怪

當你的人生走到某個十字路口——不一定是和我一樣來到年過四十的中年，也可能只是單純考慮著職涯轉換。假設眼前的工作十分穩定，生活也沒什麼不好的地方，但未來一切幾乎都可預期，缺乏起伏驚喜。你是否會和我一樣，心底三不五時浮現懷疑的聲音：「這是我要的人生嗎？這輩子只能這樣嗎？」然後，你也許同樣會不時在心裡糾結掙扎，試著從兩條迥異的道路中做出選擇：是要留在未來幾年風景皆可預期的平淡道路上，還是該轉個大彎，放棄眼前安穩的一切，選擇走向一條與過往人生截然不同，且完全無法預期的不安未來？

你的人生一定有過類似掙扎，當然我也是。

回顧四十歲前的人生上半場，我是個做任何事都頭也不回往前衝的人。人生總有許多 bucket list 等待完成，因為意識到人生短暫、充滿不確定性，若當下心中有想做的事，我總是迫不及待，盡可能地壓縮時間努力去完成。這樣的人生像個壓縮檔，永遠想在最短時間內盡全力去完成最多想完成的事。如果人生是場賽跑，我就像是把全馬當成百米競賽在拚的選手。我渴望追逐完成我的 bucket list，就像你身邊多少會有對某項事物痴迷的朋友：執著於坐擁各大馬拉松完賽證明、吃遍米其林餐廳，或者夢想著登山集滿百岳……只是我迷戀的，是各種不同夢想的實現。

記得某次與作者開會暢談那段期間正著手進行的出版計劃，他聽了之後瞠目結舌地說：「你根本是座發電廠！」那幾年，我的腦中總是塞滿許多有趣的出版計劃與想法，不只經常在公司熬到三更半夜，假日也幾乎和平常上班一樣往公司跑，毫不在意休假日。

創業時，才二十九歲的我，並不覺得自己過於年輕，當然也不為此有太大擔憂。用前幾年存下的微薄積蓄，及向家人和銀行借來的錢，籌措了一百萬當成自己的夢想成本，實現我開出版社的夢想。公司穩定後，年紀漸長，每當我與他人聊到創業及年紀的話題，看著眼前通常才三十出頭的他們，我才後知後覺地訝異——當年自己明明還不滿三十，的確太過年輕，哪來那麼大的勇氣與膽識創業？那段創業過程，二十九歲的我，像是越級打怪，急欲實現各種夢想。直到年過四十，才發現我的 bucket list 上未完成的所剩無幾，不知不覺中，我已完成人生的第一張精選輯。

二〇一六年時，這樣的疑惑不時糾纏著我，望著我的 bucket list：

進唱片公司——完成。

進出版社——完成。

開出版社——完成。

拍電影——完成。

有支自己的棒球隊——完成。

出版自己的書——完成。

清單上雖還有所剩無幾的「開書店」、「開咖啡館」、「有支自己的搖滾樂隊」等空格，但對我來說，這些事的理想浪漫情懷遠遠超過現實考量。更重要的是它們與年紀並無太大相關，不管到幾歲都可以行動。只有「出國留學」這項年歲越長就越難實現，不只有體力考量，家庭責任更是讓你日益難起身離開。

就在這年，我開始一步步思考、規劃出國留學的可能性。過程絕非如同多數成功人士傳記常呈現的「義無反顧」，反倒是小心翼翼地，一小步一小步往前試試看，過關了，才繼續往下一步邁進。

二〇一六年春天，好不容易終於鼓起勇氣，走進忠孝東路的托福補習班報名，開始乖乖每周上課。當時我對最終是否真能順利出國全然沒有把握。這樣突然的決定，一時間也不知該從何開口向他人提起。於是，那段日子，我總是一個人默默利用下班時間及周末，固定去補習班報到。

就這樣持續超過半年，在課程全部結束後，即便心知自己英文程度仍不夠好，還是硬著頭皮報名托福考試。另一方面，雖然出國一事仍存在許多無法預期的變數，但既然已經報名考試，差不多是時候該著手處理公司作者合約及同事的人事問題，我才終於開始一一告知相關人士這個決定。

到了二〇一七年五月，那是我正式啟程的前一個月，簽證尚未下來，機票也未訂，我仍不確定是否真能成行，但公司營運已經調整到可以出發的狀態。經過數個月不斷地溝通討論，公司從原本有四位經紀作者合約，調整到僅剩一位，以聘僱專業經紀人接案的方式，繼續與作者合作。直到隔年雙方協議終止合約，我的公司才正式暫時處於歸零狀態。

在那一步步放下原本公司的業務運作過程中，難免偶爾會在心中懷疑自己——就這樣放下十幾年來好不容易所累積的一切，不會覺得可惜嗎？如果因為少了持續經營，畢業回國後，公司得一切從頭開始，會不會後悔？

然而當時，相較於物質與金錢收入的追逐，我更渴望追求夢想與自我實現。每當內心糾結困惑時，我經常這麼告訴自己：「那些年辛苦努力累積的，不就是為了往後有條件可以完成我更想做的事嗎？如果只是待在原本的工作崗位上，繼續累積固定的收入，年復一年過著安穩卻沒有太大驚喜期待的日子，這樣的人生下半場，並非我想要的。」

許多人在決定出國留學前，會仔細評估投資報酬率——回來能不能找到更好的工作？可以加薪多少？總共得花多少錢？回來得再多賺多少錢才能回本？然而，「夢想成本」適合如此被量化計算嗎？經濟學有個我們生活中常會遇到的「替代效果」(Substitution Effect)理論，主要說明在我們收入不變的情況下，當某產品的名義價格(Nominal Price)改變後，我們對該產品的需求隨之產生的變化。就我而言，若是真心想追求的夢想，即使代價再怎麼昂貴，都是無可取代的。反觀，放棄某些追求夢想的機會，若日後回想起來為此後悔一輩子，付出的代價豈非更昂貴？

當時心中「害怕後悔一輩子」的聲音強烈地催促著我。於是，我帶著一些些不安與不捨，走上了人生中場最重要的斷捨離旅程。

「感覺對了」，是指過著你覺得對勁的生活——可能是職業、自我定位、婚姻狀況等等。「感覺對了」也跟你的長處有關：盡自己的責任、實踐對自己的期望等等。

——葛瑞琴·魯賓（Gretchen Rubin）。
暢銷書《過得還不錯的一年》作者。

減輕人生的行囊，路才能走得更遠

你看過電影《型男飛行日記》嗎？比起中文片名，取意自英文諺語「不得而知，懸而未決」的英文片名《Up in the Air》更加精準地闡述了這部電影想傳達的人生困境。

片中喬治．克隆尼（George Clooney）飾演一名為大型企業資遣員工的「打手」，經年累月搭乘飛機，四處協助企業處理裁員問題。每當到一家公司進行裁員演說前，他總是先請台下聽眾想像自己肩上背著空空的行囊，然後再逐一將人生中有形的各種物質，如衣服、鞋子、車子、房子，或者無形的各種人際關係像是子女、父母、朋友、同事等等裝入行囊。接著反問台下那些即將被裁員、眼神茫然的聽眾：「怎樣？是不是覺得肩上的負擔很重？」以這樣的隱喻方式，意圖向員工們傳達——企業就像他們身上的行囊，得不斷捨棄各種既有的負擔，才能走得更長更遠。人生不也是如此？如同登山者經常標榜的輕量化，唯有減輕行囊裝備，放下不必要的人設，路才能走得更遠。

諷刺的是，電影裡喬治·克隆尼藉工作之便，享受各大航空公司貴賓禮遇，人生目標是累積到一千萬英里的飛行里程數。然而某天當他達到目標時，卻突然察覺到一味追求里程數所帶來的內心空虛，然後急忙回頭重新尋找內在的情感寄託。

出國念書的決擇，對我來說像極這部電影，是段為自己的人生瘦身，與外在生活條件及各種無形人設斷捨離的過程。過程中，最難捨下的並非工作上職銜、收入等現實條件，而是人與人之間的情感。我該如何與同事、作者、家人開口？我常想起這部電影，深覺為了實現自己的夢想，不得不放下多年的合作情誼，內心總帶著愧疚。

對家人的牽掛，是更難以放下的惦念。當看著雙親日漸老邁，常常心想，如果此刻再不出發，往後兩老身體健康日漸走下坡，也許就再也走不了了。

自小到大，每當我遇到轉換跑道、離職時，父母總常掛念：「好好的大公司為什麼不待了？」、「新的公司穩定嗎？」，連換個工作都如此擔心，更別說出國念書這樣重大的生涯決定。

當年創業時，雙親持續憂心了多年，直到四、五年後，他們足夠理解我的公司已經穩定經營，才漸漸放下心中大石；如今我竟然要放下這一切出國留學，對他們來說肯定是個晴天霹靂般的巨大打擊。

後來一如所料，當他們得知後不停擔心：「兩年這麼久！念這個要幹麼？」、「公司要怎麼辦？回來要怎麼辦？」我只能試著安慰他們：兩年只要四個學期，很快就過了。

為了讓雙親更加放心，我不像許多身邊在海外念書或工作的朋友，終年未回國或頂多返鄉一、兩趟。二〇一七年底寒假，才出國不到半年，當同學們遊遍美國各大州時，我買了機票，特別回國，只為讓雙親看到孩子，能夠稍稍安心些。同時還特別安排了一趟日月潭家族旅遊。只是那段旅程途中，兩老始終臉色凝重，藏著心事。

準備返美的前一晚，晚餐後全家人坐在餐桌前聊天，始終不太說話的父親終於忍不住開口：「難道真的一定要去嗎？」我以為都已離開了半年，也在寒假飛回來看他們，老人家心底應該早已接受兒子出國念書這個事實。直到那一刻，我才驚覺，原來雙親終究還是放不下。

回紐約的飛機上，我的心情變得比當初出發時更加沉重。往後留學日子裡，心中始終掛念著雙親的身體狀況，深怕午夜一通電話就得回國。

如今，即便已完成學位，我仍無法想像那段時間，雙親心底承受的牽念及煎熬，只能慶幸那通電話並未真的響起。每當雙親再度提起這個在他們心中「拿了一個根本沒用學歷」的決定，我總希望，成長於八個手足大家庭的他們，能為這個兒子感到驕傲——「你應該為此感到欣慰，至少你兒子是整個家族裡，唯一出國念到碩士學位的。」我試著如此安慰他們，同時帶著愧疚，感謝他們成全了我的夢想。

每當思及此事，我總會想起留學時的最後一堂課，那個令我感動至今的夜晚。課堂尾聲，葛斯納（Gerstner）教授才突然宣布，他選出該堂課最值得鼓勵的同學，將頒發以葛斯納教授父親為名的獎以茲鼓勵紀念。葛斯納教授的父親經歷了二次世界大戰，也沒上過大學，或許因此，當年始終不明白為什麼他需要去念大學？到底又有何意義？直到他父親過世前不久，見證他終於正式升格成為教授，他父親才了然當年心中的不解。為了追念他父親，葛斯納教授特別設計了這個學習獎鼓勵所有學生。

此前，我的雙親始終困惑於我在一把年紀時拋下一切出國留學，究竟圖的是什麼？此後，我相信人生自有答案。

人生上半場所累積的一切，放下並不可惜

不確定你小時候是否也有過這樣的記憶——大人越是警告鍋爐燙，千萬別碰，你就越是忍不住，想盡辦法趁大人不注意時，偷偷伸手去試試。下場往往只有兩種：不是燙得再也不敢不信大人的警告，就是打從心底竊喜，證明原來大人只是嚇唬，根本一點都不燙。然後日漸練就更大的膽識，不聽大人勸告，開始嘗試更大的冒險。我兒時有許多類似經驗，不確定長大後是否變本加厲，但每每當我做人生重大決定時，身旁友人越是不看好，越是激勵我非得去證明不可。

浮現留學的念頭後，我偶爾會以諮詢式的假設方式，試探熟識友人的看法。友人H當年赴洋，如同許多我們常聽聞的留學故事，下了相當大的決心，付出極高的代價。他買了張單程機票，將陪伴多年的機車賣了，連在一起多年的女友也因此分手。

從周遭友人口中得知的，幾乎全是像H這樣的故事，為了出國留學失去既有的一切，出國成為生命重要的轉捩點，從此走上岔口，朝向全新不同的人生道路。當時，我還沒有那樣明確的決心，聽了過來人的經驗，多少會焦慮害怕將要失去原本擁有的一切，以及緊接而來全然不確定的人生。

H與我聊及當年他的決定時，經常以嘲笑語氣說：「那你先把公司賣了啊。」那或許是熟悉我一貫個性的他使用的激將法，同時也在提醒我，一旦做出決定，必須付出相對代價。我常會想起他那句話及背後意義，漸漸在一步步的決定過程中，逐步割捨、放下一切。

童年成長環境，使我自小到大對外在物質的欲望並不大。因此，在決定出國過程中，物質的割捨對我一點也不難。好比新買不到一年的機車，因為攝影師好友需要，我想也沒想便過戶轉交給他。而貼心的他，考量我到美國後得經常出入運動賽事，送給我一組長鏡頭，覺得我屆時必定用得上。

然而涉及情感面的關係，卻非說斷就斷如此簡單。出發前半年那段處理公司同事與作者合約問題的過程，使我深刻意識到，原來真正的「斷捨離」，最困難的是人與人之間情感上的割捨。

我想做自己人生的經紀人

在我的人生前半場，出版及經紀工作占據了主要職涯。相較出版，經紀人工作複雜許多，除了像褓姆般打理旗下作者各種合作、通告等大小瑣事外，更重要也更大的考驗在於為他們打造品牌、提供創作生涯長遠規劃與建議。

自轉星球旗下作者，可分為兩種不同個性：一種在創作上有絕對的自主想法，經紀公司只要順著他們的創作方向，一路從旁協助即可；另一種則相反，在創作上高度依賴經紀公司，需要不斷給予指引建議。

面對後者，經紀人不時得擔任人生導師，協助他們規劃每年的創作主題方向，以及相關配合的各種合作計劃；經紀人的協理能力更是其工作中十分重要的專業——運用行銷上 SWOT 等品牌策略分析方式，針對作者的長遠創作生涯整理出脈絡及策略。

然而，人生畢竟是旁觀者清、當局者迷。十幾年的經紀人經驗，我鮮少在經手作者的創作規劃過程中感到迷惘。但當撇開工作，面對自己的生活時，反而很難如此理性地思考，因為真實人生往往是感性的抉擇。

曾有幾度接受熟識的媒體朋友訪問時，我忍不住向他們開玩笑：「我每天都在經紀別人的人生，反而偶爾會對自己的人生感到迷惘，我也需要有人來幫我經紀我的人生啊。」說穿了，那背後其實是種逃避的心態吧！害怕做決定、害怕犯錯，也害怕萬一結果若不是自己想要的，該怎麼辦？

最初，有了留學念頭，經常對該不該出國感到不安與茫然，偶爾會苦笑自問：「為什麼自己當了十幾年的經紀人，卻無法像思考他人生涯般，理性俐落地分析、做出決定？」如果身旁真有個經紀人，能夠幫我以旁觀者的角度，提供理性分析建議，我應該早已下定決心出國了。只是心裡總有許多現實理由，使我年復一年往後拖延、逃避著。好比星座、算命之於許多人之必要，往往我們心底早有答案，會徵詢星座或算命，只是求個心底安穩、有所依賴。

多年前，我一度想暫時擱下手邊工作，出國休息一段時間，但我很清楚現實條件並不允許。但抱著最後一絲希望，我聽從朋友建議，去找了她經常求助的命盤占卜師。結果，卜出的卦全如我事先心底所想。這下子，我才甘願徹底打消在那時出國的念頭。

所以，說到底，每個人都可以是自己人生的經紀人、命卜師，只是我們願不願意相信我們內心直覺，做自己的品牌、過自己想過的人生。但我們每每選擇的，卻是過著「礙於現實」的生活。

別太緊抱昨日，要讓今日改寫你的明日

「究竟是哪些過往人生經歷，影響了我此刻的生活呢？」我常不禁這麼想。

布魯斯．史普林斯汀（Bruce Springsteen）曾經在演唱會上演唱〈My father's house〉時，分享一段私人故事。很長一段時間，在他父親過世後，他會不時獨自開車重回老家，在那裡來回繞啊繞。後來他去找了心理醫師，詢問他，自己究竟為何如此。心理醫師先是開玩笑地要布魯斯告訴自己為什麼，後來才解釋，那是因為布魯斯想重回舊日記憶，修補那些曾經犯過的錯；或相對的，重溫記憶中那些美好時光。

兩年的紐約求學生活，我經常有許多時空錯亂、恍然的瞬間——

為何我此刻會隻身在紐約念書？然後，不時再度想起記憶中與紐約有關的一段往事。

二〇一三年，我在波士頓遊學月餘，結束後出發前往紐約，準備展開近一個月的旅行。清晨五點多抵達紐約巴士大廈，外頭正是零下低溫，我只好窩在大廈餐廳裡。就在剛吃完早餐，等待十點入住預訂的 Airbnb 的片刻，身上四件行李中最大件的竟突然被偷走，目擊路人好心地叫醒趴在桌上小憩的我。我驚慌地衝出大廳四處尋找，竊賊早已不見蹤影。最終無奈地前往巴士大廈內的警局報案。因為語言溝通障礙，過程中飽受許多誤解與委曲，當下萬分氣餒自己沒有流利的英文溝通能力。

直至中午，警察通知我行李已經尋獲，報案過程中描述的物品已全消失。最終我仍舊前往警局，領回那空無一物，像是我失落的心的行李箱。

至今我仍記得當時失落的心情。我和紐約的關係，自此留下了深深的遺憾缺口。我打從心底希望那意外未曾發生，以及有朝一日可以練得一口流利英文，不必再遭受類似的屈辱。

沒想到，多年後我竟來到紐約念書。雖然兩個故事並無絕對直接的關聯，但我常常想起那段往事，或許人生每段故事都是互相牽引著。讀書過程中，每當再度因為英文溝通能力而遭遇生活上的委屈挫折時，我總會憶起當時報案的心情，然後加倍惕勵自己努力用功，希望有朝一日得以弭平那段記憶留下的缺憾。

原來，我們人生所有大大小小的經歷，都有其意義，分分秒秒都是蝴蝶效應。你永遠不會知道，它將以怎樣的方式，影響你往後的人生。

當你的英文程度，跟你鄰居的孫子一樣

當初準備出國，我幾乎從未確定真能如願成行，語言能力是其中重要的因素之一。自從入社會後，十幾年間用到英文的機會少之又少，加上學生時代從未好好念過英文，因此，經常在心中暗暗發誓（慶幸）這輩子再也不想、不需要學英文了。但人生往往是莫非定律的應驗。

最初上托福課時，我幾乎完全聽不懂美籍老師所說的內容，班上同學不是高中生、大學生，就是工作一、兩年後終於存了點錢可以出國的年輕人。其中甚至有些放學後身著建中、北一女制服趕來上課的青春臉龐。

每當老師讓大家討論練習時，我常覺得與他們相比，自己的英

文程度簡直有如幼稚園學生與大學生的差距。我仍記得，某次老師問大家方才練習的問題難易度時，原本內心覺得相較於其他題目，那題明顯簡單許多，應該算是容易的。但當瞥見鄰座北一女同學竟然毫不猶豫地舉手表示困難，我瞬間便默默不爭氣地跟著舉起手。

那段時間，雖然未曾主動向他人告知正在準備托福，但人生就是有許多無巧不巧的巧合。某天在家中樓下，瞥見穿著建中制服的少年正在停放腳踏車，身影神似托福班上鄰座同學。我一心認定世界上絕對不會有這麼巧的事，因此之後上課遇到也繼續裝作不識，未曾主動開口求證。沒想到後來連續在我家樓下又巧遇了幾次，證實他確實是我同學。這事實令人尷尬極了，我始終不好意思主動相認，深怕得解釋為何我這年紀大他二十來歲的大叔，竟然成了他托福班的同學？同時在心底自我安慰，或許他始終沒注意到我。直到有天才發現並非如此。

這天早晨，我正準備出門，遇見生分的鄰居阿嬤，禮貌性地點頭招呼。沒想到她竟語帶興奮地主動開口，印象中那是我們第一次交談，「我孫子說你是他托福班上的同學。」當下驚慌的我，只能草草應付結束那場對話。

彼時起，我才終於意識到，若往後真能順利出國留學，就得不時面對我與身邊同學徹底屬於不同世代，令人尷尬的事實。

一個四十二歲，擁有一家外人稱羨、營運穩定公司的中年大叔，卻突然放下所有，出國念個毫不相關的碩士學位，怎樣都不符合台灣社會共同認定的普遍價值標準，如同我坐在許多高中、大學生、準備出國的年輕學子當中那般突兀。

「為什麼都到這把年紀了，還坐在這教室？」常常我必須面對諸如上述巧合遭遇般的尷尬疑問。大多時候，我選擇採取與阿嬤那場對話般輕描淡寫的方式敷衍帶過。但從考慮、準備、決定、出發直至畢業返國的過程中，我也屢屢在心底掙扎，如此質問自己——特別是每當遇到學校課業挫折，又或孤身在他鄉生活備感孤獨煎熬時。

在追求自我夢想的實現過程中，他人目光往往如同現實社會裡的各種預定人設，左右著我們的決定。唯有當你十分確定那是自己真正想要追求的事物時，才會想盡辦法克服萬難去完成。終究最重要的，是找出自己想要的答案，而非回應旁人的疑問。

直到今天，我仍猜想，鄰居阿嬤或許始終不明白為何我會與他孫子成為同學，更不知我已從紐約念完碩士歸來。我沒能解答她心中的疑惑，但慶幸，我終於完成那趟旅程考卷上所有的問題。

人生並不像一年四季那樣分明，四十歲的相撲選手就算老，但五十歲的政客還會被稱為菜鳥，很難確切區分幾歲算是老人，我們必須自己決定自己老了沒有。

——北野武。日本藝人。

所以你準備重新設定自己的人生？

二〇一七年五月底，台北即將入夏，我回覆紐約聖約翰大學，答應前往就讀。接著趕緊預訂六月中飛往紐約的機票。過程匆忙，就連留美的F1學生簽證都還未申請。由於學校及機票都已確定，於是趕忙準備相關資料，向AIT（美國在台協會）預約申請簽證面試。

面試日到來前，我心底始終忐忑不安，擔心是否會因年紀導致簽證無法順利下來。但許多朋友分享經驗，認為在美國重回校園進修的風氣相當普遍，像我這樣的例子應該早習以為常。

為了確保簽證能順利一次就申請下來，不致耽誤既定計劃，我事先認真準備了各種面試官可能會提出的問題，諸如為何要到美國念書？學校在哪裡？為何選念該科系等等。全沒料到一切的憂心與準備都是多餘，面試過程出乎預料順利。

這天一大早八點多，AIT大廳裡已坐滿等待叫號的申請者。大多不是年輕學子準備出國念書，便是已有一定年紀，準備申請赴美與親人長期定居的長輩。當下我心想，換作在他人眼裡，我應該理所當然會被歸為後者吧。

不久終於輪到我。我站在面試官窗前，遞上手中厚厚一疊申請文件，緊張地等待著，不知他將會問些什麼問題。那位身材高大的白人官員詳細翻閱我的文件後終於抬頭，往我身上打量，然後開口：

「你準備到美國念什麼？」

「運動管理。」我毫不猶豫地回答。

「你原本從事什麼工作？」他緊接著問。

「出版業。」我瞬間有些心虛，遲疑了一下，畢竟出版這行業和我要申請就讀的科系表面上完全沒有任何關聯。我開始有些緊張，不知接下來會不會因此受到刁難。沒想到那官員聽了，只是邊審視文件邊抬頭，不帶任何表情，冷冷地回了一句：「所以你準備重新設定你的人生？」這句話，對我有如當頭棒喝。

在那一段準備出國留學的過程中，我從未從這角度思考過。當時心中只是深刻覺得自己的熱情，在十數年的工作中幾乎被消磨殆盡，我需要一段中場休息時間，歸零再重新出發，好面對漫長的人生下半場。

「是啊。」不知在原地遲疑多久後，我應付地回答著。那官員收下我的護照等相關文件，告訴我可以回家，很快便會收到簽證。

走出AIT大廳，暫時鬆了口氣。近一年的準備、充滿未知的不確定等待，自那一刻起，總算篤定。眼前至少兩年的留學旅程即將展開，只是剛才那官員最後的問題仍在腦海中揮之不去——我的人生將重新設定、歸零重新開始嗎？兩年後，我的人生又將如何？當時的我無法形容對即將到來的留學生活懷抱著怎樣的期待，只是心中仍十分茫然——人生，真的可以 reset 嗎？

放下啦，管它什麼世態炎涼

如今，即便已經完成兩年學業，我仍不時想起踏上這段旅程前內心充塞的糾結與徬徨不安。

那是即將啟程出發的前幾天，一個送別的夜晚。台北嘉興街榕樹下熱炒店，鄰近我家，我經常在此與友人聚餐，或下班回家途中順便用餐。

再過幾天就要告別這樣的日常了，十幾年來固定的生活習慣都得暫且拋下，獨自飛往紐約展開全然陌生的新生活。這晚的熱炒與許多四十多年來習慣的日常，再不到一周，全將瞬間成為我的鄉愁。然而未來諸多的不確定性所帶來的不安，遠超過即將離開的不捨。

這晚與出版前輩的餐敘，是我少數主動知會周遭友人出國決定的聚會。雖然主要是禮貌性告知，但我心底仍抱持著期待，希望能得到正面的支持。餐後道別時，席間一位資深作家輕輕地跟我說了聲：「一切都會很好的。」不知是否因為整晚我臉上明顯流露出的焦慮，抑或為了平衡席間出版前輩不斷的苦勸而做的圓場。

那位出版前輩，一直是我十分敬重，常仰賴他提供重大決定意見的對象。那晚杯觥交錯間，他不時流露擔憂神情，苦口婆心規勸我，要我再好好想想。我只是禮貌性地不停點頭道謝，但明白自己心意已決，不可能再更改了。但他那句：「你這幾年好不容易才累積下來的一切，回來就全斷了。」依然在我心中迴蕩著。

後來的學生生活中，這句話常不時浮上心頭，那是大人現實世故的計算。當時我心想，人生所累積留下的，真會因為兩年的離開而盡皆失去嗎？即使果真如此，大不了回來再一切從頭開始吧。但當後來十二小時的時差隔絕了兩地生活，日子一天天過去，我才漸漸發覺，眼前我的人生，似乎如同那前輩警示的，悄悄地正在失去些什麼。

那兩年，我幾乎切斷所有與台灣的往來聯繫。有天我忍不住主動在 LINE 上敲了遠方友人，跟他聊到當時長輩勸我的那句話，並接著說：「原本熟識的朋友，像是一天天接續消失了。」

「後悔了嗎？」朋友反問。

「沒有，只是沒想到可以失去得如此快。」我帶著疑惑。

這經驗使我想起，年過四十後，許多友人紛紛經歷中年轉業的十字路口，其中不乏從資深大牌記者回歸自我，選擇創作自己想寫的東西，過著自己想要的生活之人。某天，從數十年娛樂線退休的記者友人C，和我聊起經歷相似的共同友人A的心情轉折：「你得花時間去適應。卸下身分，突然之間，原本那些互動熱絡的企劃、公關再不會有人打電話給你，你慢慢體會到所謂的世態炎涼——原來十幾年來，以為熟識的那群人，或許都只是因為名片上的頭銜才與你相交。」C淡淡說著，顯然早已看開。她提到A有很長一段時間對此無法釋懷，一直無法相信原本他誠懇相待、視為好友的那些人，竟會因為他才離開工作崗位，便漸漸不相往來。「我勸他看開點，換個角度想，我們都不在那位置上了，難道他們還要像往常一樣不時寄新書、唱片、演唱會門票給你？」C繼續說著。

後來A似乎始終從未從轉折過程中的失落走出。而我從C的言談中體悟到了回國後得學習的人生智慧——活到這年紀得學會看開一點，朋友會留下來就是會留下來，留下來的也才證明是真正的朋友，不必再像年輕時一樣，因為害怕失去，而苦心維持經營。

返國後，我並未刻意積極找回往日舊友，我以為生活自然會為我建立起令我舒適自在的新朋友圈。只是至今，經過一年多，陸續在某些因緣際會下，重逢多年未曾聯絡的朋友，彼此間的情感竟一如往常一樣熟悉，未曾因時空而淡去。朋友C當時的一席話，不刻意經營的人際關係，成了我人生下半場「舒適圈」的交友哲學。

我們一直都在練習哀傷與告別

畢業回國後，某回與家人聚餐，討論到總算熬到畢業，原來兩年並不似想像中漫長。不料父親的回應竟完全呼應了我過往無法放下、決定起身的心情。

「兩年有多久你知否？母知有彼個命等到彼一日否？」聽著父親說著兩年多來心底的牽絆，我只能安慰他，我已經順利畢業返國。但回想那兩年，內心深處總是害怕突然接到負面消息。人不論走到多麼繁華或荒涼的天涯海角，身上永遠背負著一個家，家的牽掛，是遊子心中最深的孤單起緣。

幸好那兩年家人一切平安，但我仍經歷得知好友離開的深切傷痛。一個人獨自遠赴異鄉求學，不只得練習學會面對異鄉的孤單，同時還必須有心理準備，隨著日子流逝，故鄉熟悉的種種，正一點一滴改變著。

二〇一八年，在暑期課程結束時，趁暑假尾聲返台一趟。因為短短幾日後便又得返校，我僅與極少數朋友相約敘舊。其中一位許久未見的朋友J，我無論如何都希望能見到面。

J平常給人個性冷漠孤僻、不太與人來往的印象，實際上，私下卻像是個愛開玩笑的少女。久未聯繫，約見面總得想個理由。我好不容易拿起電話撥通，另一頭卻傳來驚訝地探問：「哇！你怎麼會打給我呢？」我知J心底或許想聽到如同男女朋友間「因為我想你啊」之類的甜美話語，但我們多年的相處模式，完全不是這路數。

「因為我沒朋友啊！出國才一年，發現朋友全不見了……」我忍不住大笑說著，J也笑了。接著她不改嚴謹個性，竟然認真地試圖安慰我：「都會回來的。」我沒再多加解釋，轉而與她討論見面一事。

「其實我剛生了一場大病，正在養病中。」她淡淡地說。我已從旁人口中得知她生病一事，我坦白透露。她驚訝地問起是誰告訴我的。她平常生活極為低調，不愛麻煩叨擾他人，因此鮮少有人知曉她病況嚴重到日前才從鬼門關前走了一趟回來。聰慧如她想必明白，原來我是打來關心她的病情。

後來我們陸續約了幾次，終於約成這天的早餐聚會。

「自從我生病後，無法走動太遠，這裡變成我早餐常來的地方。」我們在她家附近狹小簡約的咖啡廳坐下來後，她如此替我們的久別重逢開了頭。接下來整個早晨，我聽著她娓娓訴說生病期間病魔的折磨；台灣醫療體制的黑暗面，以及對抗疾病過程中嘗盡了人世冷暖。當我問起一位共同友人，印象中與她極為要好的朋友，是否曾來探望過她？她帶著一貫微笑，平靜地說：「沒，連通問候的電話都沒喔。」原來，我們或常如此，在不知不覺中冷落、忽略了身邊重要朋友可能極需的問候與關懷。

聽著J細述那段病痛過程中所遭遇的一切，我打從心底佩服及好奇她是如何堅強地熬過來的，幾度忍不住想問：「你都沒害怕過死亡嗎？」但終究還是在舌間打住了。

那天聚會後，走出咖啡廳，我正準備前往與彼此都熟識的出版友人聚會，邀她一同赴約，心裡多少期待再多爭取些相聚時光，深怕未來人生的突然未知。然而J搖了搖頭，或許是不想因為自己的病況打擾了大家的聚會。

道別前，我們在敦化南路的人行道上聊了許久。夏日午後，台北陰暗的天空，似乎就要降起滂沱大雨。下個夏天，我就將畢業回來，這是我們最後告別時的話題。當下覺得人生如此漫長，但事過境遷後再回望，卻又變得何其短暫。

「等你畢業回來，我們再一起……」J帶著微笑對我說。想起整個早上她提及的人情冷暖，我試著開玩笑安慰她：「沒問題，到時名片上隨便你想掛什麼頭銜就掛什麼。」她輕輕點頭微笑。

不久，綠燈亮起，她揮了揮手，獨自穿越敦化南路人行道。我在原地凝視著那纖瘦背影，她始終沒回頭。我不知J那一刻心底想著什麼。看著她仍相當虛弱的身體緩慢地漸漸遠去，我幾度不捨，忍不住想衝上前去，陪她走一段路回家，深怕那會不會是我們最後一次見面。

幾周後，回到紐約，開學，日子又回到不斷上學下課的正常軌道。轉眼間，已是十一月，紐約的初秋，每天不時吹起陣陣強風，樹葉仍然頑強地抵抗著秋風的無情掃落，但終究會在十二月冬天來臨時，化為一身光禿。

這天清晨，我一如往常醒來，打開電腦，遠方友人告知J去世的消息。沒想到這天竟然如此突然地到來。「都會回來的」腦中想起最後一次見面時J所告訴我的話。

下個夏天，我就將畢業回去，但有些事是真的再也回不去了。那段時間獨處異國，無人分享哀傷的心情，我總常在課堂上與課外寫報告時放空失神——時空交錯，我缺席的故鄉，無法參與的改變；此刻的異鄉，又將帶我前往怎樣的未來？

回首，兩年也不過才兩個雪季，如此短暫。

2017 2016 2015 2014 2013 2012 2011 2010 2009 2008 2007 2006 2005 2004

第二節

•

Session Two

啟程·Transition

鼓起勇氣，
只要出發，
永遠不嫌太晚。

異鄉的第一夜，在忽明忽滅的夜燈下

我仍然記得，準備出發前往紐約時，一個人待在桃園機場候機室的場景，卻早已想不起當時內心複雜的心情，但我永遠不會忘記抵達紐約時，內心對眼前正等待著我，全新的一切的忐忑與期待。

二〇一七年六月十八日，幾近午夜，飛機即將降落。俯瞰曼哈頓夜景，距離首次來到紐約已十二年。從沒想過，有天我會在此長期落腳，迎接一段全新的轉折、未知的未來。

腦中突然想起當年在如同此刻的高空上，望著腳下的繁華城市，手中雀躍地翻著地圖，心底無知地困惑著：為何我們常愛說曼哈頓？曼哈頓不就是紐約嗎？後來——人生總有那許多時刻突然頓悟到過往的無知——瞬間恍然明白，或許是受美劇電影的印象洗腦，對紐約的美好想像，完全投射在只是紐約市五大行政區之一的曼哈頓上——曼哈頓並不是全部的紐約啊。

除了這樣愚蠢的記憶，腦中的人生跑馬燈，一幕幕地播放起幾十年來的回憶，包括留下的與將被遺忘的。我不知眼前即將迎接著我的兩年留學生活將會如何，只是提醒自己，我是為了暫時拋下原本的身分與熟悉的一切，追尋新的可能而出發來到這裡。

後來飛機降落，順利通過海關審查，並未發生任何預先擔心的刁難情況。出了海關，獨自拖著兩件行李，身上背著登山大背包，打電話叫出租車時已近凌晨。眼前繁華的紐約，無人期待我的到來，等待我的只有人生的各種可能與希望——如同當年年輕的佩蒂・史密斯（Patti Smith）一個人初抵紐約時的心情。

車子很快來到羅斯福島的主街，在一座教堂前停下。不知為何，每每看到教堂，總是能讓人感到安心。後來居住在此的一年期間，雖從未踏進這座近在家門畔的教堂，但每當我看到它時，總常在腦中想起初抵紐約的這個夜晚。或許當時，它安定了一個初來乍到的異鄉人對於眼前漫長、全新未知旅程的不安。

雖然出國得匆忙，但不想在抵達後才開始尋找住處，所以出發前已先在網路上找到這地方。雖然只看過照片，但正好友人認識這裡的室友，曾來拜訪過，告訴我環境條件十分不錯，因此便事先請朋友幫忙付訂金租下。

人生總常有些似乎冥冥中早已注定的奇妙安排。二〇一三年來紐約時，朋友建議我務必要去坐空中纜車，從曼哈頓上東城來羅斯福島遊玩。我好奇地問她：「一座小島，究竟有何值得特地拜訪？」她驚訝地反問：「你沒看過它經常出現在美國影集裡嗎？」接著解釋許多美國影集裡的空中纜車，就是從曼哈頓上東開往羅斯福島這裡，短短不到十分鐘的車程。

當時我是以觀光客的身分來到紐約，帶著蒐集景點的習慣，在某個降雪的冬日午後，獨自搭纜車至此，眼前只見一條漫長望不見盡頭的河邊步道，上頭覆蓋著厚厚白雪。我沿途走了一段，舉目望去幾無商店街、熱鬧的地方可逛。隨手拍下幾張照片，便不敵酷寒天氣，掉頭坐上回曼哈頓的纜車，離開這個專程而來，卻待不到半小時的小島。萬萬沒料想到，四年後，這裡竟成為我在紐約念書的落腳處。雖然是緊鄰曼哈頓與皇后區中間小小的一座島，但地址仍歸屬於曼哈頓行政區。

我一個人站在教堂前，轉頭四處打量這個即將定居下來的環境。幾分鐘後，來自中國、在聯合國任職的室友 Joe 出來迎接，我們穿過大片草原及長廊。這棟大樓聚集了數百戶住家，類似台灣國宅，委託建商代為出租管理，房租也因此相對便宜些。終於走到掛著 106D 門牌的門口。進到房裡，我的房間面向河邊，有一扇大窗，往後無數寫作業的無助時刻，我總是習慣對著窗外發呆。前室友早已搬走所有家俱，空盪盪的房間連一盞燈也沒。Joe 好心從客廳搬來不知哪任房客留下的古老立燈，開關早因年久而接觸不良，不時忽明忽滅，卻也將就地陪伴了我日後無數夜晚，一個人獨處的時光。

我將行李暫時靠牆擺放好，在木地板上鋪好特地帶來的瑜伽墊，熄了燈，帶著十二小時的時差，就此展開留學生的第一個異鄉夜晚。

從風光的社長，成了「無業」的「學生」

帶著嚴重時差與興奮心情，清晨六點便醒來。留學生活的第一天，首要任務是到美國銀行開戶及辦信用卡。負責的行員 Crage 相當熱心親切，冗長的開戶過程中，不時好奇地與我聊著我的過往，以及接下來的生活。

「為什麼想要重回校園？」、「為什麼想念運動管理？」、「之前從事什麼工作？」、「畢業後想做什麼？」她問了一個又一個，我很難具體回答的問題。

「我年紀會太大嗎？當學生。」在回答年紀相關的個人基本資料時，我開玩笑地反問她。或許出自禮貌，她大笑說一點也不會。當下我想起申請學校的過程中，與留學顧問 Dylan 多次討論到年紀會不會成為我申請學校的劣勢，他堅定地說：「美國文化相當重視重返校園進修，像你這樣在職場待了一段時間後再回校園，其實在美國相當普遍。因此，年紀反而應該是你的優勢。」後來即將畢業，在撰寫履歷的過程中，才明白美國文化對於這方面的尊重，與台灣完全不同。在美國，除了普遍不附照片外，年齡、性別這些在我們文化裡認為相當重要的「基本資料」，學校就職中心的輔導顧問還會主動提醒我們不必填寫，若附上，還可能被扣分，因為美國相當重視聘僱過程中任何因為年齡、性別等因素可能的偏見所帶來的歧視。

開戶過程中，我擔心學生身分不易申請信用卡，主動詢問 Crage 申請信用卡的可能性。「你帳戶裡會匯進來多少錢？」她問。我回了一個數字。「你這些存款短時間內，至少一年之內，不會提走吧？」她接著說。我解釋自己未來兩年的生活開銷可能遠超過那數字，且我這一待至少就兩年——除非在過程中不幸被退學。後來她拿出厚厚一疊信用卡申請書，連同開戶一同幫我辦理。

好不容易完成所有程序，走出美國銀行，在紐約炎夏的熾烈豔陽下，重重的時差來襲，身上帶著濃濃的睡意。有了美國的銀行帳戶，也代表著一段全新異國生活的開始。我沿著萊辛頓街，找了一家咖啡館坐下來，試圖抵抗睏倦，故鄉熟悉的光影、聲響、氣味，種種日常生活裡習慣的一切，都還清晰地盤旋在腦中，不知多久後才會被紐約的異國生活所占據取代。

過了一、兩周，某天，我在信箱裡收到銀行寄來的信用卡，拆開一看，發現上頭寫著額度美金一千元（約台幣三萬），心頭大驚——這金額，連在台北生活都相當拮据吧，更何況物價至少是台北三、四倍的紐約。此後接連數月，經常一個月過不到一半，信用卡便因為超刷而遭鎖卡。心中始終不解，為何我的額度會那麼低。直到有天忍不住查了帳戶上的個人相關資料，才終於恍然大悟——資料上寫著「學生、無業」——我帶著它展開全新的生活，才要開始適應的陌生身分。

克難的開始——沒床、沒書桌，窩在茶几上寫功課

初抵紐約沒幾天，離開學不到一周，新生活急需的書櫃、書桌一樣也沒。為了簡單應急，我在某日午後來到曼哈頓中城紐約圖書館對面的無印良品，找尋是否有便宜適合的。心底感到些許荒謬，從未想過有天，我會走進紐約的無印良品採買書桌及書櫃。但事先上網查，若要在曼哈頓城區附近，不需跑太遠的賣場，最佳選項只有無印良品。在美國，像 IKEA 之類平價大型家俱，大多位於大眾交通不便，開車才易抵達的郊區。

那天，我在無印良品順利找到簡單平價的書桌與書櫃。書桌是松木材質，低矮茶几型，桌角可折疊收放。書櫃是三層式，像是由壓縮回收紙箱材質製成，輕巧卻極不穩固。當時心想，才兩年的過客生

活，根本不太需要多大的書架，這樣簡便的三層櫃應該已足夠應付。

結帳完，我雙手各提著兩只紙箱走出店裡。趨近下班時分的曼哈頓突然下起滂沱大雨，四處皆是等候招計程車的人。街道兩旁很快便積滿深深的水窪，疾駛而過的汽車不時濺濕兩旁路人。久候不耐的紐約客開始越位，走到比其他人前面的位置，好早一步攔到車。即便如此，大雨中的曼哈頓下班街頭，人人都得耗費近一個小時才能順利攔到車。這一切，令當時的我感到驚嘆不已。不知多久後，才漸漸習慣紐約此般匆忙失序與粗莽的生活。

後來回到住處，早已渾身濕透。好不容易組裝完，擺好書桌及書櫃的房間，仍然相當空蕩，連床也無。就這樣過了一、兩個月。每天放學，我總是窩在地板上的小茶几前做作業，不時望著窗外的夕陽，偶爾在回憶裡失神。

沒有床的那些日子，暫時克難地睡在鋪著從台灣帶來的瑜伽墊的地板上，偶爾抽空上網研究該買怎樣的床。IKEA 是當時心中想到的首選，但身邊友人全勸阻沒車要到紐約的 IKEA 交通非常不便。後來聽了幾位在美國的朋友建議，考慮買張美國相當流行的充氣床。許多美國人露營時會帶，因為未充氣前體積只有一個小方箱大小，攜帶非常方便。幾位朋友來美國都曾有過暫時克難睡空氣床的經驗。我好奇上網查 Amazon 上才幾十塊美金，決定訂購一張來試試，再視狀況，能睡多久就多久。

不到兩天的時間，床便送達。拆開後插上電，短短不到幾分鐘便充氣完成，令人驚嘆人類創意無限的發明——怎會有人想到要發明這種讓人睡在空氣上的床鋪？

睡了幾晚後，我始終不太能適應。總覺得整晚像是漂浮在海上般搖搖晃晃。睡夢中下意識完全不敢轉身，稍一轉身，床便劇烈晃動，感覺只要一不小心整個人就會跌到地上。那幾晚，我經常想起當兵時的記憶。當時我在海軍兩棲登陸艦隊服役。某回從金門返台，因航行距離過遠，所有小艇全駛進大型母艦裡運回台灣，所有小艇中隊士兵得窩睡在小艇上。那兩夜，人生真如一葉扁舟般，整個人躺在海上浮浮沉沉，無眠地張眼仰望著夜空點點繁星，心中有著強烈靠不到岸的茫然無措。那約莫就是當時的心境寫照：大學畢業尚未踏進社會，對接下來人生旅程的未知，對退伍日的漫長等待。

沒想到，近二十年後，人生又走到相似的分岔路口。心底仍然記得當時是如何咬牙撐過兩年軍旅生活，退伍時心中的興奮，及對未來充滿無限希望。那幾晚睡在空氣床上，身體疲累的我告訴自己：如同那段軍旅生活，一切都只是段轉折過渡期。咬個牙，很快一切終將結束。同時心想，留學生生活本來就不會是舒適安穩的旅程，大老遠離開家，怎樣也無法如同待在家裡一般舒適。或許這樣簡陋的克難人生，最終才能令人留下刻骨銘心的不同體驗。

後來，不知睡了幾個月的充氣床，心理上雖然完全可以接受，生理上卻仍無法克服。每天起床，因為充氣床的癱軟不穩，全身無比痠痛。某個周末忍不住找了間按摩店，想舒緩身體疲勞。師傅說我脖子太過僵硬，一小時的按摩全加強在脖子上。沒想到隔天起床，整個脖子竟因此嚴重發炎到幾乎無法轉頭。

這一連串的身體病痛，全歸因於充氣床。這時我才終於下定決心買張真正的床。於是找朋友幫忙，某個周六一同到布魯克林郊區的 IKEA，搭可載大型家俱的計程車，買回簡單的單人床墊、床架與書桌。

那晚，所有家俱組裝完成時已近清晨。幾個月來頭一次睡得安穩。從此，再也不需每天盤腿坐在地板上寫報告，留學生生活總算真正安頓下來。

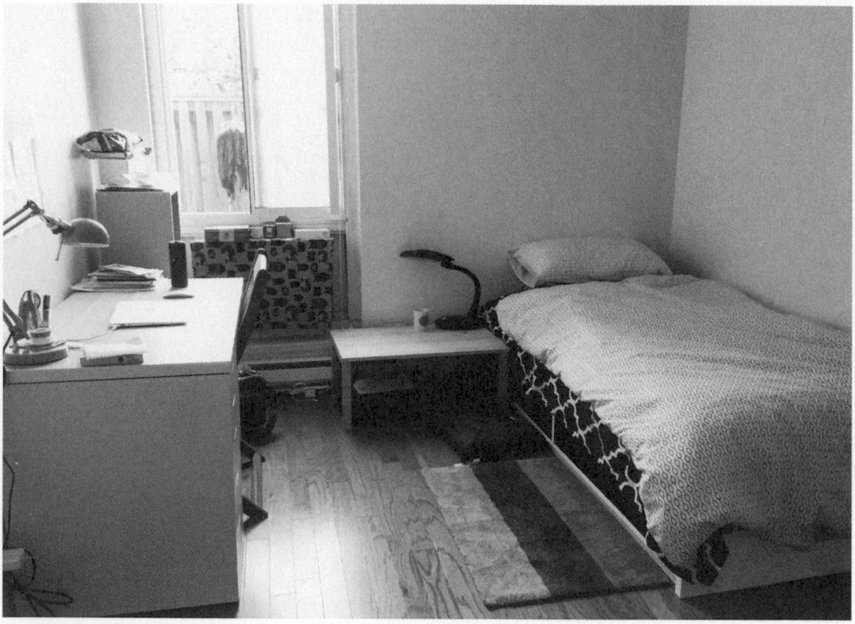

再也不需要睡充氣床的留學生房間。

我知道你是認真的，讓我幫幫你

因為托福成績並未達到學校要求的標準，學校只允許我條件式入學，得先在學校的語言中心念完十級的課程，之後才能正式入學修研究所課程。

由於語言學校能力測試分班考得不理想，我得從第六級開始念起。反覆推算之下，照那樣的時程，我幾乎不可能兩年念完畢業。於是抱著最後一絲希望，寫信給系主任希望約見面，討論能否讓我提早選課入學。恰好暑假系主任正休長假中，她回信表示若無法等到她下個月收假回來，可以與她的職務代理人葛斯納教授先見面。我上網查詢後才得知葛斯納教授是前系主任、現任學院教務長，也是我們系的創系教授之一，在系上有相當大的影響力。

我當然無法等到系主任休假回來，於是先約了葛斯納教授。與他會面前，在心中已模擬好各種可能選項，希望能順利說服他讓我提早入學修課。只是沒料到，心中預先摸擬好的各種方案，最終一個也沒派上用場。

當天我依約，到了葛斯納教授的辦公室，坐下來後，他開門見山問我有什麼需要他幫忙的？我向他說明我的遭遇：「我好不容易才申請入學來到這裡，渴望可以早日開始上研究所的課，而不是被困在語言學校。」葛斯納教授聽完笑了笑，並未要求我多做解釋，誠懇地與我分享：「許多國際學生來到這裡念學位，才二十幾歲，他們並不完全知道自己人生想要追求什麼，只是想說來念念看，大都並非真正對這科系有多大熱忱。」然後話鋒一轉，接著說：「但我知道你是認真的。」可能他早在會議前便看過我申請入學的履歷自傳，因而得知我的經歷。

「不如這樣吧，我幫你問問海藍教授，他有多年教導國際學生的經驗，還會一點點中文，看看他願不願意讓你先上他的課。之後我們看看你能走多遠，再進一步討論。」

經過那次面談，九月開學時，除了語言學校，我也如願開始同時修習第一門研究所課程。因為系上破例讓我選修，我也希望有好成績，以便在未來與葛斯納教授討論時，說服他讓我下學期選修更多的課，因此我戰戰兢兢地上課，繳交作業亦不敢有絲毫懈怠。後來學期結束我拿下A⁺高分，也因此，系主任雖然仍要求我繼續上完語言學校課程，但同意我同時加修兩門研究所的課。因為這樣的特例通融，我最終才能在兩年內順利畢業，拿到碩士學位。當時那些和我一起待在語言學校的同學，幾乎全花了約三年才拿到學位。

我不時會想，苦不是當時正巧系主任休假，讓我直接與葛斯納教授見面討論，答應讓我邊修課，兩年的求學過程會有何不同結果？我相信許多事冥冥中命運早已安排。

如同多數美國人，葛斯納教授有其原則，想說服，必須有充份的理由。

菜鳥留學生的決心
——強迫自己每講十句話，只能有一句中文

語言學校幾乎從頭教起，包含音標、母音和長短音。剛開學的第一個月，我完全無法接受、適應這個事實，甚至懷疑、抗拒。於是，某天我問遠在台北的留學顧問 Dylan，有無任何跳級的機會。經過幾番討論，確定機會相當渺茫。最後他以多年輔導留學生儘早進入生活常軌的經驗，苦口婆心建議我：「從今天起，你要盡量減少使用中文，最好可以降到每天使用的比例可以不到十分之一。」

當下我完全沒有意識到，那句話會深深影響我往後兩年的留學生活，只覺得一個人的異鄉生活，不只身旁沒有朋友，從今天起，還得刻意切斷與故鄉、過往人生的種種關聯，彷彿只有全然孤立自己，活成一座孤島，才能真正徹底融入留學環境。

那樣的紀律要求，考驗的不只是心理上的孤獨，對於日常生活更是高度挑戰。白天在語言學校，儘管所有老師再三叮嚀大家課堂上

只能使用英文，但班上幾乎清一色全是中國同學，不只分組討論時會為了方便溝通偷偷使用中文交談，每逢下課，整間教室更是充滿熟悉的中文對話。

我不時警惕自己，牢記 Dylan 的叮嚀，不管同學上課或下課時用中文與我交談，我始終堅持以英文回應。因此，不只剛開始在班上交不到什麼朋友，和同學關係也變得十分疏離。還常有人不耐與不解地問：「講中文啦！為什麼不用中文說比較快？」我很難跟他們說明，也懶得解釋，只是偶爾被反覆質問久了，會以開玩笑的口吻說：「我們好不容易才來到這裡，不就是為了練習、學好英文嗎？要說中文就不用大老遠跑來這裡了吧？」即便如此，同學們還是不解。

課堂外，我同樣要求自己確實做到 Dylan 的提醒，迫切渴望自己的英文能力能快速進步。每天晚上從學校放學回到家，其他三位室友全是中國人，所以我多半在廚房煮完晚餐後便端到自己房間，一個人用餐。餐後也幾乎關在房間裡休息、寫作業等，不太主動與室友們社交，刻意減少需要使用中文的機會。除此，每當假日，所有華人同學成群結伴出遊，在紐約華人留學生圈子鬼混追尋樂子時，我總是刻意與他們保持距離。我深深記得，出國前一位曾在美國長年教書的英文老師，在送行時特別叮嚀：「都到美國了，千萬別整天跟華人朋友混在一起，這些圈子可以帶給你的，都是來自學長姊的經驗所長年累積下來的刻板印象與偏見。該吃什麼、該去哪裡，全都一樣。這麼一來，你將浪費大好的出國機會，無法真正了解美國、美國人。」我那些中國室友和語言學校的中國同學，每到假日不是往華人區法拉盛跑，就是去中國城，過著與待在自己國家沒兩樣的留學生活。

光是這樣仍不足以讓我完全融入留學生活。自從開始準備出國前一年，我便離開了臉書世界，隔絕任何外界可能的干擾，好讓自己專心準備。到了紐約後，便立即刪除手機上原本在台灣日常生活的APP，包括購物網站、交通指南、新聞媒體，想方設法強迫自己徹底遠離所有故鄉的一切，早日融入異鄉的學生生活。

當然還有E-mail、社群通訊軟體這些與外界聯繫的管道。最初，我只是盡量被動回覆一定得回覆的訊息。漸漸地，這些所謂一定得處理的人際往來，不知不覺從某天開始也變成趨近於零。即便每天早上起床、放學回家還是習慣性地點打信箱、LINE，但幾乎沒有任何時間精力主動聯繫，也不知兩地完全已失去連結交集的生活，能有什麼共同話題。漸漸地，每次例行打開信箱、LINE，幾乎已不再有任何訊息等著我。

自律是一種自由，逃離懶散打瞌睡的自由，逃離他人的期待與要求的自由，逃離軟弱、恐懼和懷疑的自由。

——多福曼（H. A. Dorfman）。運動心理諮商師。

那原本想擺脫的過去，回頭想來感覺還不錯

在語言學校將近一年裡，我盡可能假裝自己和大多數同學相同——大學剛畢業，人生尚無任何工作經驗，對於現實的職場競爭仍充滿全然的無知與嚮往。但人生啊，終究還是丟不掉過往的身分以及所帶來的責任。

語言學校的同學大都是大學畢業不久，才二十出頭的年輕人。我無法掩飾自己年長許多的事實，但盡可能低調，不去提及自己過往背景。只是學生生活才開始不久，我便深深意識到，人走到哪，都是背負著昨日的記憶活著。

入學前的語言能力分班測試，有道口說題目是：「描述你上一次到一座城市旅行的經驗。」我幾乎想也沒想，用當時還很破爛的英文，跟主考老師 Camille 訴說那段二〇一三年一個人來到紐約行李被偷，

返國後做了一本以行李箱做為裝幀設計的《旅行，為了回家》的故事。Camille 聽完，流露出驚訝又同情的表情：「我對此感到相當抱歉。」我跟她說往後若有機會，我再拿那本書給她看。

有了這段相識機緣，某天我帶了一本《旅行，為了回家》到辦公室向她介紹並送給她。Camille 不斷驚嘆，一再強調美國出版市場很少有像那樣的創意與設計包裝。她邊好奇地問我台灣出版產業生態，邊上網查台灣地理位置，並要我好好介紹一下台灣。我心想，原來許多人常說留學生是最好的國民外交宣傳，果真有其道理。此後，Camille 成了我在學校裡，包含同學在內，少數親近熟識的朋友。

向 Camille 介紹完書隔天下課時，我走在教室的長廊上，突然被某位老師叫住：「我在 Camille 的桌上看到你的書，我非常喜歡，不知你下次回台灣時能否帶一本來？看多少錢，我想跟你買。」我當場有些驚嚇，說我身上剛好還有一本，但我怎麼可能賣東西給老師還收錢？於是提議：「不如你有機會再幫我改一篇作文作為交換吧。」她想也不想立刻答應——美國人也太直接了，一點假裝客氣推辭的場面客套話也沒，老師不就該幫學生改作業嗎？這樣哪算什麼交換。

幾天後，那老師在課堂上發考卷。我再三驗算確定後，發現她少算了五分，拿到講台前正準備驗算一遍給她看，證明她的確算錯了。沒想到才開口說少算五分，她立刻毫不遲疑地回說：「不用再算，我相信你，你的書讓我印象太深刻了。」然後拿走我手上的考卷，改成正確分數。身為一個剛到美國的留學生新鮮人，當時並沒有想到美國人與人之間的誠實信任文化，只是驚訝，原來不同的身分與過往，竟然可以得到這樣特別的禮遇。

日後，漸漸無可避免地，其他老師偶爾也會與我提及他們知道我的「過去」——那一度我試圖擺脫的過去，現在回頭想想，感覺好像還滿不錯的。

享受孤獨——不需開口說話，不必猜測別人心思

留學生活，每天上下學通車單趟遠遠超過一個小時，我又不習慣在擁擠搖晃的地鐵上長時間閱讀，因此養成了固定聽有聲書的習慣。除了學習英文，我也喜歡聽作者親自朗讀他們與紐約及其學生時代有關的故事。

美國作家保羅．奧斯特（Paul Auster）在他的《內心報告》、《冬日筆記》兩本半自傳書裡，有許多描寫他當年在哥倫比亞大學的學生生活。

「我一個人住，很少在家以外的其他地方出沒。日子一天天流逝，我不用說話。當我不得已得開口時，我的聲音對自己來說都顯得陌生，像個機器。一周到學校五天——坐下、聽課、離開、回家。」

初次在放學回家的地鐵上聽到《內心報告》裡這段描述他當時內心的

孤獨，覺得完全就是自己真實的生活寫照。

留學出國前，很長一段工作時間，我極度厭倦與人開口交談。因工作屬性所致，無論何種場合，每每一開口不外乎算計、說服、計較等等有目的性的「專業」溝通。既然有其目的，且必須維持專業，當然無法單純地發自內心暢所欲言。

長久下來，有天我突然察覺到自己似乎養成了與人交談，必須不時猜測對方真正心思的習慣。我對那樣的生活感到無比倦怠，或許這也成了我急著想要從原本的工作身分脫身的重要起因之一。

來到紐約後，我依學校規定先在校內附設的語言學校就讀，從那一刻起，生活變得相當單純。每天早上七點前起床，自己動手做完早餐及咖啡後，出門搭一個多小時的地鐵及公車到學校。過往很長一段時間，我是個徹頭徹尾的夜貓子，因此這樣早起的生活，對我來說相當煎熬。每天一踏進學校大門，第一件事便是先繞到法學院裡的星巴克買杯咖啡外帶，邊喝邊走到教室。如果少了這杯咖啡，我便很難清醒地應付一整天的課。

大多數時間，我心底相當渴望獨處，好讓自己安安靜靜地在心中沉澱過往記憶。因此，我鮮少在課堂上主動發問或舉手回答。如果幸運地也沒被老師點名回答問題，一整天在學校幾乎可以不用開口。

直到傍晚放學，同樣搭著30號公車再轉地鐵F線回家。簡單做晚餐、用餐、洗完餐碗，開始寫作業及複習隔天課程。然後熄燈入睡。一整天，可以半句話也不說。

我仍深深記得，那許多時光，我每天只需固定說著一句話的單純日子──「一杯熱拿鐵帶走，謝謝。」

沒有早或太晚，當下就是最美好的時光

兩年的留學生活，常有些瞬間我會忽然感到時空錯亂，不知為何自己當下身在此處。許多留學過來人與我分享，以他們的經驗，至少需要半年時間，生活才能比較適應、安定下來。

剛到美國的前幾個月，我幾乎每天放學後便到圖書館寫作業。直到畢業前，我總是習慣固定選擇同一個靠窗座位，作業寫累了便來到窗前，望著樓下來來去去的學生們。最初，在心底覺得那場景極不真實。第一年秋冬交替時節，約莫十至十一月的一個多月內，我在同一個窗口，竟然拍下了如春夏秋冬般的四季變換風景。

那時我才剛開始適應這裡的生活。每天早起，加上整個上午課程的疲累，經常使我寫到一半，便需趴在桌上小憩片刻。每當進入深層的夢裡，總是在現實與夢境裡拉扯掙扎，迷惑此時我究竟身在何方？夢裡常浮現許多熟悉的台北場景，然後仍殘存著一點清醒意識地質疑——我不是明明身在紐約嗎？

最終，總是在滿身大汗中突然醒來，揉揉雙眼，出神許久後，才肯確切相信，告訴自己此刻身處紐約的事實。一位同樣在美國拿到碩士文憑，之後留下來工作已十幾年的朋友安慰我，就連他已經在美國生活那麼久了，經常還是會有類似的錯覺。

約莫半年後，生活總算相對上軌道，那樣時空錯亂的感覺亦漸漸減少，只是仍有許多困境得努力克服。班上年輕同學幾乎人人都過目不忘般能秒記，像我這樣年過四十的學生，不管課業或考試，經常都是秒忘。同時，不只記憶力不如其他同學，念書體力也明顯較差，年輕時代可以熬夜寫作業的體力已成往事。秒忘加上無法熬夜，可用來念書的時間相對比其他同學更少，我只好犧牲白天或假日玩耍的時間。當同學放假結伴出遊，我必須花比他們更多倍的時間準備考試及寫報告。因此，所有的假日，我幾乎全耗在學校課業上。

即便如此，每天還是覺得時間不夠——念書時間不夠、睡眠時間不夠……偶爾懊悔反省，自己四十餘年的歲月，究竟都浪費到哪去了？如果早一點決定來到這裡，應該不至於念得如此辛苦吧。

小說改編的電影《逆轉人生》裡有一幕引述名劇作家田納西威廉斯的經典名句：「所有人生的路徑都是正確的」、「所有事情都可能是任何其他事情，並且擁有相同的意義」，恰可解釋關於人生許多不同的選擇決定。如果，我早些年在還年輕時便留學，很可能如班上許多年輕同學，對於自己人生的目標感到困惑，不知想要追求什麼，迷迷糊糊來了，最後白白浪費了兩年的求學時光。四十歲後再重返校園，那些過往的人生經歷，使我更明白內心想要追求的理想生活，也更加懂得為自己的決定負責。

身處過渡期的人，還會受到另一種引誘：想要抹去已經發生的一切，回到原點。如果可以這麼做也不錯，但可惜，你的生命中並沒有倒帶鍵可以讓你按下，你無法真的回到從前。何況，現在的你即使回到從前，也和過去不一樣了。

——威廉・布瑞奇&蘇珊・布瑞奇（William Bridges & Susan Bridges）。生涯諮商師。

我感到如此孤單，因為一切是如此地自由

留學生活有許多令人沮喪失落的時刻，包含意識到日常生活中，似乎再沒有人能和我閒聊音樂、文學、電影等曾是我生活中重要的精神重心的話題。

許多時候，無論通車或走路，我的耳機裡固定播放著佩蒂・史密斯（Patti Smith）的有聲書《只是孩子》、《時光列車》。她在書中娓娓細述六〇年代隻身來到紐約，如何展開全新生活，以及終將無可挽留、失去的一切。

「沒有人期待著我的到來，前方所有一切可能正等待著我。」她如此描述年輕時初至紐約的心情。

Chris 是語言學校裡少數我喜歡的老師之一，大學主修文學，踏進教室時經常手上拎著幾本正在閱讀的小說。因此，我偶爾會與他聊

起文學。

這年冬天，某個大雪後的紐約清晨。一如往常，我搭著F列車，然後轉搭30號公車前往學校的途中，耳邊傳來Patti Smith親自朗讀著她在《時光列車》書中的片段：「我正想著我有多深愛紐約，想著紐約的夜晚，這城市多像是一座舞台……我感到如此孤單，因為一切是如此地自由。」

我在腦中咀嚼著這段話，走進教室。不久Chris跟著進門坐下來。依慣例在點名時一一詢問大家有無新鮮好玩的事可分享。當他點到我時，我興奮地說：「剛剛上學途中，我聽到Patti Smith書中的一段話，非常貼近我一個人在紐約念書這段時間的感受。」

「她怎麼說？」Chris問。

「我感到如此孤單，因為一切是如此地自由。」我說。

萬萬沒想到，Chris完全沒有我預期大表認同的反應，反而深深皺起眉頭，疑惑地問：「等一下，這不太合理啊。為什麼孤單是因為自由呢？」我盡己所能地跟他解釋那樣的感受，同樣身為一個獨處紐約的異鄉客內心常有的心情。

但Chris顯然仍無法理解接受，我只好轉移話題接著說：「對紐約客來說，似乎多數人喜愛她的書已遠超過她的音樂。」Chris 終於附和認同我的意見，並說明這應該是件好事。

後來，某次在《只是孩子》票選獲得紐約年度一書的座談活動，Patti Smith 在開場時與大家分享，以往人們遇到她時，經常會告訴她說自己有多愛《脫韁野馬》那張專輯。但自從出版《只是孩子》後，大家見到她時，變成紛紛向她表示他們有多愛這本書。她更強調，撰寫這本書時，心裡想的並非自己當時身處紐約，而是無時無刻自我提醒——她正在書寫許多人共同的紐約。

而我的紐約生活，也擁有無數如同這天課堂上所經歷的，無人能懂的孤單時刻。

大叔留學生的困境——鋼筆、拍立得、老花眼鏡與學生證

一直難以接受年過四十後漸漸有老花的事實。在紐約時，我始終未配老花眼鏡。原先配的近視眼鏡特別刻意調降了度數，否則會因老花而無法近距離閱讀，只能同許多老人家一樣伸長手臂才能看得清楚。

每次上課，雖然已坐在最前排，還是常看不清楚黑板上的內容，於是趁著第一學期寒假返台，抽空到眼鏡行重新配了副眼鏡，近視鏡片度數也加深了些。沒想到回到紐約後，還是發生與老花嚴重衝突的問題——遠距離倒是夠清晰了，但近距離閱讀卻完全無法對焦。幸好隨身帶了原本那副近視度數不夠的眼鏡，就這樣，每天上學我的包包裡固定攜帶兩副眼鏡，課堂上先戴度數較淺的，以便低頭抄筆記；讀課本時不至於無法對焦。偶爾看不清楚黑板時，再換上度數較深的。

我總是小心翼翼地從包包裡拿出第二副眼鏡，偷偷戴上，不好意思讓身旁同學或台上教授發現我年紀已大到有老花，需要輪流戴不同眼鏡。

即便表面上的年齡數字並不代表任何絕對意義，偶爾在課堂上還是反映出世代差異。在這個行動網路便利的3C時代，課堂上，我依然習慣用紙本與筆手寫。但幾乎每門課、每位老師在開學介紹課程內容時，都會強調甚至鼓勵上課帶筆電，以便即時上網查資料。當然，教授們也非省油的燈，清楚知道對某些同學來說，網路世界的五花八門，遠比台上的上課內容更吸引人，一旦打開電腦，多數人都難以抗拒社群網路的誘惑。

某次教授在說明完上課使用筆電的規定後，帶點嘲諷的語氣補充：「開電腦上課是為了教學用途，並非讓你們不聽課而上網玩耍聊天。希望你們不要哪天讓我發現在台下偷偷做這些事。千萬別抱持著僥倖的態度，以為我不會發現，我當了這麼久的教授，當然有我的辦法。例如，當我並沒有講任何笑話，卻發現你們正對著電腦笑時，很抱歉，你們就完蛋了。」但當過學生的人都知道，道高一尺魔高一丈。那些想上網不想聽課的同學，通常會盡可能躲在最角落，或找個前面有高個子同學可以掩避的位置，好放心邊聽課邊上網做自己想做的事。

終究，課堂上，即便不知道我已需要老花眼鏡，還是很容易便可察覺我在教室裡屬於格格不入的不同世代。研究所幾乎每堂課，同學全是桌上開著筆電，躲在螢幕後努力敲打著鍵盤。我經常好奇不解：「台上教授究竟說了什麼值得大家做筆記的內容？」而我，右手拿著鋼筆，桌上攤開著筆記本，突兀地揭露了與全班同學活在不同年代的事實。

曾經有次，Chris 老師看到我拿著復古拍立得拍照，笑著告訴全班同學：「Ray 會拿拍立得，我一點也不驚訝，畢竟他都拿鋼筆做筆記了。」當下大夢初醒——我以為自己佯裝得很好，沒有人發現啊。事實上，畢竟我的年紀長了其他同學約兩輪，怎樣都難自然地被當成學生對待。曾經有次語言班上的同學知道我的年紀後，大聲跟我開玩笑說：「連我爸的年紀都比你小啦。」

第二學年起，我固定每周會去上同一位瑜伽老師的課。下課時所有同學總是迅速離開，而我總是動作最慢的那位。幾個月後，某天下課道別時，老師竟然開口叫我「教授」，那一刻我才驚覺，原來幾個月來，她始終誤以為我是教授，我還以為自己應該跟其他同學看來沒有太大差別呢。當下並未跟她說明解釋。沒料到隔周，某天下課在教室外的長廊聽見有人大聲喊著「教授」，回頭一看才發現是瑜伽課的同學。當時心想，或許全部瑜伽課的同學全誤以為我是教授吧。

我就讀的聖約翰是所運動名校，因此校內經常有各式美國大學運動比賽，除了最熱門的籃球外，其他賽事全是自由入席觀賞。學校為了吸引學生到場加油，常在比賽時準備披薩之類的免費食物。某天，我到體育館，準備觀賞女排隊的比賽，看到入口接待區準備了披薩，好奇開口問了接待人員：「請問這是免費的嗎？」沒想到他一臉嚴肅地回答我：「這只有免費提供給學生。」我當下雖然有些尷尬，還是從包包裡拿出了學生證，證明自己的身分。

那晚之後，我開始養成習慣反應——無論是校內或校外，每當遇到有學生專屬的免費或折扣福利，總是事先準備好，主動拿出手上的學生證。

當別人強悍時，你得比他們更強悍

一位在紐約大學取得博士學位的友人，在我出國前和我分享許多她的求學經驗與心得。平素個性溫和的她，給了我一個出乎預料的生存建議。

基於過往幾次到紐約遊玩的經驗，我好奇地問她，若遇到粗魯無理的紐約客時該如何應對。當下她不假思索，堅定地告訴我：「在紐約的生存之道是——當別人強悍時，你得比他們更強悍，特別是遇到無理對待時，這樣你才有辦法在紐約好好生存。」後來，每當遇到不好的遭遇時，我總會想起這句話。

紐約的日常生活，起初讓我最不習慣的是過馬路，完全與台北的交通習慣相反——對行人來說，紅綠燈僅供參考，很少有紐約客真的會在兩側都沒有來車時，還傻傻地等綠燈亮起再穿越馬路。剛到紐約時，我一時還改不掉習慣，經常呆站在路口，眼角瞥見匆匆擦身而過的紐約客紅燈直行，還帶著異樣的眼光，回頭不解地望著我。在紐約的十字路口行人最大。初抵紐約時，我相當驚訝，平常走路速度飛快的紐約客，竟然人人都可以在穿越馬路時，慢條斯理、從容不迫地走著，完全不擔心被車擦撞的危險。幾個月後，我也養成了和其他紐約客一樣的習慣，但我仍然無法對所有車輛的禮讓規矩抱持絕對的信任。後來某天，也證明了這顧慮的必要性。

第一年暑假，為了搬家四處找尋新房子。某個早晨，在皇后區看完一間公寓，正前往地鐵站的路上，遇上一位粗莽無理的司機。就在我眼見綠燈亮起，跨出第一步準備穿過斑馬線時，沒想到一輛車竟然飛快地闖紅燈倒車，只為搶占我身旁的路邊停車位。那駕駛停完車後，見到驚嚇的我，搖下車窗，並非為了道歉，而是對我比了個YA的勝利手勢，同時臉上露出洋洋得意的笑。當下的我相當氣憤，但心想從未到過那地區，感覺治安並非十分安全，本想算了，置之不理往前走吧。但突然間，一個人身處異鄉的孤單湧上心頭，瞬間想起出發前朋友的那句話，我衝動地轉過頭，對著仍未拉上車窗的那位粗莽紐約客，面帶憤怒，不滿地比了個中指，當下毫無一絲危險的警覺念頭，雖然氣憤對方又再度朝我比了YA的手勢，但我在心底慶幸，人生第一次在異國街頭對無禮的紐約客反擊。一個人在他鄉求生，終於逐漸讓我學會了勇敢的求生之道。

類似這樣的遭遇，不時在身邊上演，許多不合理的事情，看在冷漠的紐約客眼中早也見怪不怪，不以為意。某天，我趕著去上課，在地鐵附近匆忙買塊麵包充當午餐。在列車上，想起接下來整天滿堂的課幾乎無暇用餐，於是從書包裡拿出麵包，緩緩地嚼食起來。

紐約擁有百年歷史的老舊地鐵，二十四小時營運，對許多人來說，不時穿越軌道的老鼠是司空見慣的場景，因為地鐵裡幾乎毫無限制，人人想做啥就做啥，吃東西更是再平常不過的事了。披薩、炸雞、沙拉、漢堡……任何你想像得到的美式食物，在紐約地鐵上，乘客邊趕時間邊吞食的畫面四處可見。因此，我完全沒料到邊吃那幾乎不帶任何味道的麵包，會對其他乘客造成任何影響。

當時我才咬不到幾口，眼角瞥見鄰座婦人拿起手巾，摀住鼻子。我幾度微微轉頭打量她，她突然開口說：「你的食物味道好臭。」我聽了相當驚訝，無法想像手上的綠豆沙麵包究竟散發了什麼味道使她覺得臭？同時，轉頭四處打量車廂裡其他乘客，從眾人臉上完全看不出麵包味道對他們造成什麼困擾。於是，我再次轉頭，對著婦人比了比手上的麵包，示意：「你確定嗎？你說的是我手上的麵包？」婦人聽了後什麼也沒說，只是露出更加誇張的嫌惡表情。我猶豫了一下，心想是否該把麵包先收起來，但那婦人誇大的舉動反應，讓我覺得受到侵犯、極不舒服，決定不示弱，繼續吃著麵包。從眼睛的餘光，我清楚見到那婦人仍摀著鼻子，轉頭張大眼睛盯著我，彷彿怒斥著：「太討人厭了，都跟你說很臭了，為什麼你還繼續吃？」

我望著車廂內還有其他座位，本想勸那婦人：「若真的覺得受不了，何不直接坐到遠處呢？別一直瞪著我。」但心底隨即想起朋友的話，不甘再繼續忍受一直被瞪的冒犯與委屈，再度轉頭，理直氣壯地對她說：「我又沒犯法……」那婦人不為所動，依然如故維持同樣的動作與表情。我們不再有任何互動，直到她先到站下了車。

後來，我與老師同學分享這段遭遇，沒人能確定紐約地鐵是否有明確規定禁止飲食，即便有，在地鐵上吃東西已是約定俗成的生活習慣，早被默認許可，沒人會介意。然而大家更關切情理法之間的平衡，接著改討論到另一個在紐約地鐵上常會遇到的日常困境——搭地鐵時，常常會踏上流浪漢長居於此，而散發著濃濃尿騷味（有時還有糞便味)的車廂。此時可以看盡不同的浮世群像——有人一手抓著拉桿,一手持書低頭閱讀,完全不以為意;有人拉著衣角遮住口鼻,臉上露出嫌惡表情,不時與身旁其他乘客抱怨咒罵;偶爾也會遇見稍具幽默感的人,僅是輕輕露出自我解嘲的苦笑。

遇到這狀況,少數同學會選擇在下一站換到其他車廂,多數人則是習慣忍忍,直到抵達目的地。一位來自俄羅斯的同學分享他的觀點,使大家瞬間沉默許久。他說:「如果你真覺得不舒服,那就換到另一節車廂吧,但請不要做出任何嫌惡的反應。他們的人生或許已經遭遇到某些不幸的際遇,為何大家要再對他們做出二度傷害?」

我永遠不會明白那個早上,那婦人為何對我做出如此嫌惡的反應,但永遠不會忘記,課堂上,我跟同學及老師說:「我很慶幸,我有勇氣,最後選擇了對那婦人說出我心中想說的話。」

迎接新人生——不舒適，是我故意的

二〇一八年，我完成了第一年的學業，同時預先趕修完暑期加開的課，趁八月底暑假的尾聲返台陪伴雙親。頭一晚因為嚴重時差，整夜反覆醒來。即便如此，還是感覺好久沒有睡得如此香甜。

「家裡這麼舒服我幹麼不待？跑去住在又貴又狹窄的紐約過留學生的克難生活。」我忍不住向堂妹吐苦水，試圖表達真正屬於自己的家所帶來的舒適感。「你不想回去紐約了嗎？」沒想到堂妹竟如此回應。

當時才第一學年結束，至少還得再熬一年才能畢業，但種種寄宿生活上的不便，使我感覺彷彿已過了漫長的許多年。第一年住的宿舍，是三房隔成四房，卻擠了五個人的分租雅房。每天一大早，先會被廚房裡做早餐的室友吵醒。我的房間正好緊鄰浴室，每每夜晚好不容易入睡，又經常因室友夜歸輪流使用浴室傳來的吵雜聲響而醒來，心底焦慮著隔天還得早起上學，又得耗上一段時間，才能重新入睡。

我的房間隔音效果極差，躺在床上準備就寢前，耳邊經常清晰傳來隔壁鄰居電視整晚開著，斷斷續續的美劇熟悉罐頭笑聲。好幾度被吵到無法入眠，我忍不住用腳大力地踢了幾次牆壁抗議。但直到一年後我搬離，牆的另一頭始終未曾有任何回應。我不禁懷疑，那無數個夜晚，其實電視機前根本無人收看，或許只是住著個孤單的老人，直到天亮還播放個不停的電視節目，是他害怕孤單的陪伴。

曾有幾次，我出門或放學回到家，正巧遇到隔壁鄰居，原本想開口探問為何整夜開著電視，終究還是作罷。日後每當想到此事，回想如此緊鄰的兩人，自始至終就這樣透過整晚的電視聲，呼吸著彼此的存在，不知究竟是誰陪伴著誰的孤單。

第二年開始，我終於受不了生活作息從早到晚受到嚴重干擾，決定尋覓新的落腳處。在找房子的過程中，遇到一位來自烏克蘭的老太太，親切地聊起她很喜歡台灣人，因為她之前遇過幾名房客皆來自台灣，最後雙方成了好友，至今都還保持聯絡。

那老太太養了隻狗，獨自住在對門的房子，十分親切熱心。長談許久後，她誠懇地向我說：「住下來吧，你一定會喜歡這裡的。」那房子共有兩間房間，以及寬敞舒適的廚房、客廳，典型台灣傳統老舊公寓的格局。原先的兩名房客皆已搬走，但仍留著床、電視等簡單家俱。我問老太太：「這些家俱全會留下嗎？」

「不會，到時都會搬到對面我住的地方，這裡只會剩下空房。但如果你想留下，我們可以再討論，看你想用多少錢買。」我當下聽了心想，其實那裡有沒有那些家俱，對我來說並無任何不同。那房子太像家了，置身其中太容易讓人覺得孤單。

離開前，我禮貌性地問了老太太，方便讓我拍個照嗎？她爽快答應。我對著擺滿全套家俱、舒適如家的客廳按下幾次快門。那瞬間，我相當確定，這將是我們第一次也是最後一次的相遇，我不會再回來了——這裡太舒服，太像家了。我在心底呢喃著。

後來，我搬到房租較為廉價，但也較狹窄破爛的皇后區森林小丘的老舊雅房。紐約驚人的高房租，克難的留學生生活，最困難的並非物質上種種居住的不便，或是生活環境的簡陋不適，而是得長久忍受心裡的孤獨與疏離。我始終覺得，在一個不是自己家的地方暫居，空間越是舒適，越是容易讓人想起遠方的家，越是感到孤獨。

我再也沒回去——這個太像家的家。

且慢離席，讓我們把酒言歡中分享人生故事

隻身留學他鄉，孤單是必然得學會面對的課題，特別是逢年過節，以及下雪寒冷的冬天。感恩節及緊接而來的聖誕節是美國人一年一度最重要的團圓節日，常常也是下著大雪、令留學生特別想家的時刻。

某次我好奇問語言交換同學，這兩個節日對美國家庭而言哪個比較重要？她說了有趣的見解：「都很重要。但對學生或年輕人來說，感恩節多半選擇回家團聚，聖誕節則是屬於和朋友狂歡的節日。」美國幅員廣大，許多人高中畢業便到外州求學，從小到大一起念書的朋友分散各地，聖誕節因此成為一年當中最能和老同學相聚的日子。我問她與友人仍會交換禮物嗎？她回答大部分還是會，且會事先討論好

彼此想要的禮物，但聚會不必然在聖誕夜或聖誕節當天。

少了這樣的傳統文化背景，對於國際留學生來說，感恩節只剩下火雞大餐、看花車遊行，或黑色星期五的瘋狂購物。至於聖誕節，即便是全美重要假期，學校公司皆放長假，但因機票昂貴，通常選擇不返國。因此，對異鄉遊子來說，這樣的熱鬧節日只能在街頭五花八門的櫥窗裝飾中，感受濃濃的過節氣氛，身旁若無好友一起過節，反而變成最孤單想家的時刻。

學校想必也明白這樣獨自過節的寂寞心境，因此每年都會提供自願邀請國際學生到家裡共度感恩節的家庭。研究所第二年，我身邊沒有家人朋友可以一起度過，加上抱著體驗美國文化的心情，索性跟學校登記參加這項活動。我被分配到的邀請主人是 Agnes。她是教育學院的職員，已經連續多年邀請國際學生到她家共度感恩節。

這天，彷彿才剛入秋，嚴冬已乍臨。氣候變遷、全球暖化，紐約創下近百年來感恩節的最低溫。零下約十度的低溫，以及不時陣陣吹襲的強風，天氣比該年的聖誕節寒冷許多。許多新聞如此形容這多年罕見的現象——感恩節穿大衣，聖誕節穿短袖。

Agnes 家位於紐約長島，我從皇后區森林小丘出發，搭乘長島鐵路，耗時一個多小時才抵達。由於和 Agnes 家庭素未謀面，出了火車站，我一個人在寒風中不時顫抖，等待 Agnes 的先生開車前來迎接。看著眼前來來去去的人潮，彷如印象中熟悉的台灣過年時台北街頭的冷清氣氛，心底感受到幾許思鄉的孤獨惆悵。

十幾分鐘後，終於搭著 Agnes 丈夫 Matt 的車來到她家。陸續已有賓客抵達，廚房裡排了二、三十人的用餐座位。Agnes 是個好客的大家庭，她一大早便開始在廚房裡忙碌進出，準備感恩節大餐。和華人的除夕不同，美國人感恩節大都下午便有賓客接連到訪，在正式坐下用餐前，通常會有很長一段時間先讓眾人邊飲酒邊閒聊，交換一年來彼此的生活近況。

我拿著紅酒，在廚房與客廳間穿梭與人交談。每年感恩節這天，NFL 美式足球賽會排定全國觀眾最期待的重要對戰組合。Agnes 的賓客不是坐在廚房閒聊，便是待在客廳觀賞球賽。我大多時間流連在廚房裡，好奇美國傳統的感恩節大餐準備了哪些美食。當見到 Matt 準備切分剛出爐的巨大火雞，我被生平首次看到的整隻完整的烤火雞給吸引，開口問他需不需要幫忙？

「你沒看過這麼大隻的火雞吧？它大概有二、三十磅重，我一大早便料理好，放進烤箱烤到現在。」Matt 邊忙著對付火雞，邊和我聊著。

「事實上，這是我人生第一次看到整隻完整的烤火雞。」Matt 聽我這麼說，露出比我見到火雞更驚訝的表情。

幾十分鐘後，費了好大一番工夫，Matt 終於將整隻火雞分解成肉片，端上餐桌。這天的感恩節大餐也正式宣告開動。所有人餐盤上盛滿食物，同時舉杯互祝感恩節快樂，然後一齊享用眼前的大餐，輪流分享這整年重要經歷，及未來的計劃。當然也有人只是興奮地討論著隔天黑色星期五的瘋狂血拚。

不到半小時，轉眼幾乎所有人已陸續用完大餐，此時約莫才傍晚四點多。我驚訝地跟 Agnes 笑說：「一年之中最重要的一餐，竟然不到一小時便結束了。」

「是啊，我們花了一整天時間，從大清早開始準備，然後不到一小時便享用完畢。」聽到 Agnes 傳神的註解，我笑著點頭附和。

「感恩節大家是這麼過的，那聖誕節呢？」我好奇接著問她老美這兩個不同節日的過法。

「感恩節就是火雞，聖誕節呢，就是禮物囉。」又是大餐又是血拚，難怪每年從十月的萬聖節起，一路從感恩節、聖誕節直到跨年結束，會被美國人稱為「Holidays Season」（節日季節）。這段期間，街頭四處洋溢著歡樂氣息。漫長而寒冷的冬季，若沒有這些節日氣氛的加溫，真不知美國人要如何熬過酷寒。

難得一年重要的節日聚會，即便很快就用完餐，多數人都未立即離席，繼續在餐桌前飲酒聊天。多數時間，我只是靜靜聽大家分享各自的故事，有滿足的成就喜悅，當然也有人生難關考驗。美國人日常談話的速度，使我很難完全理解全部內容。因此我大都只是面帶微笑聆聽，偶爾點點頭表示認同，極少主動開口打斷大家的談話。

期間，John 講述一段他近來發生的事，看著他不時自我解嘲地露出微笑，我也禮貌性地跟著微笑回應，但我大致只聽懂他敘述的六、七成內容。沒想到他突然停了下來，大嘆一口氣，轉頭見我微笑，困惑地開口說：「你覺得這件事情很好笑嗎？」當場的我尷尬極了，一時不知該如何回應。直到 John 轉頭與 Matt 換不同主題繼續聊天，我才終於鬆口氣，否則真不知該如何為自己似懂非懂而造成的尷尬困境解危。但我始終不確定，是否因為語言及文化的差異，誤解了 John 的故事及他當時的心情。

那晚離開 Agnes 家，才近十點便回到家。在濃濃的感恩節氣氛裡，在心底深深感謝 Agnes 一家人，讓孤單的異鄉遊子在這團聚的日子裡有了去處，同時體驗到傳統美式感恩節大餐及過節文化。返台後我仍與 Agnes 一家保持聯絡，對我來說，那一晚一同過節的溫暖，如同無數留學生受寄宿家庭照顧的回憶一樣珍貴。

「你沒見過這麼大隻的烤火雞吧？」Matt 邊問我。

記憶終將如那銀杏樹下的玫瑰，永被埋藏

原以為留學生活的挫折與孤單，可能有天會忍不住落淚。後來，我未曾因為孤單、挫折而掉下半滴淚，卻歷經了兩次淚灑異鄉的傷痛經驗——因為在短短一個月內，接連獲知故鄉友人驟逝的消息。

學校健身房是我每周放學固定會去的地方。這天，一如往常在訓練完後到置物櫃房間換完衣服，坐在長凳上，腦中浮現早上接獲大學學弟因為癌症驟逝的消息，瞬間全身無力癱軟，無法起身。暑假返台探望他時，見他開朗的模樣，以為一切恢復良好，病情如他樂觀所述全在控制中。沒想到短短不到兩個月的時間，他竟就此撒手離開。那次聚會結束，我們如常告別，當時我完全沒有任何心理準備，這輩子將永遠無法再見。

人生令人措手不及的最後一面，永遠比預期中的告別更讓人心痛、難以承受。想起與故人再也無法見面，身處異國也無從參與任何追悼，我將整張臉深埋進毛巾裡，放聲痛哭，久久不能自已。此後，諸多夜晚我經常在夢裡遇見學弟，醒來後也只能透過網路，和共同友人分享夢裡的一切，抒發內心的哀傷。

沒想到，約莫才過兩周，還來不及從哀傷中走出，清晨醒來，手機裡竟又傳來另一則訊息：作家友人W突然去世。我震驚地坐在書桌前，上網查看一則則相關新聞，回想彼此最後幾次的聯繫，一時間完全無法接受這個事實。

猶記得不久前的九月，紐約已是入秋的天氣，我和她分享著紐約秋天的美好，我們同樣老派地想起了李察吉爾的《紐約的秋天》，我答應她哪天經過中央公園時拍張照寄給她。但直到她離開前，我們雖然陸續有些交談，我卻始終未實現約定。

隔天，我和共同熟識的友人討論，猜測W應該喜歡粉紅色的花，於是進城，在曼哈頓街角花店買了束粉紅玫瑰，由上東往西走，穿越整座中央公園，沿途追憶悼念著W，彌補我先前答應她卻未能達成的承諾。離開中央公園到上西地鐵站搭車前，我選了棵鋪滿一地金黃銀杏葉的樹下，輕輕放下手中那束玫瑰。根據氣象預報，很快地，或許隔天，紐約將下起今年的第一場雪，所有記憶終將如銀杏樹下的那束玫瑰，永遠被埋藏、消逝。

後來搭上地鐵，我來到慣常寫作業待的咖啡館。打開電腦，準備寫報告，卻怎麼也無法抑止心中對W的想念，遂上網看了許多她生前的訪問報導。原來她在書寫長篇小說期間，每天會到家中附近咖啡館，一字一句手寫，晚上回家再逐一謄打到電腦上。我們家相距不遠，有幾次在附近恰好相遇，總覺得她顯得相當疲累虛弱。我並不知曉，原來她正辛苦地與創作搏鬥著，每次問候生活近況，她常常僅是淡淡地回句：「我正在寫我的長篇小說。」便不再多說。印象中，我也似乎未曾給予任何鼓勵。看著報導裡已成過去的一切，想到彼此再無法相見，那些來不及說出口的關懷問候，我坐在靠窗的座位前，楞楞望著外頭陌生的人來人往，最終承受不住心底湧上的難過情緒，低頭啜泣起來。不知當時兩旁的紐約客是否發現我後來哭到幾近崩潰，若有人問起我怎麼了，我會主動向他吐露心中對友人的思念。

後來留學生活遇到無數孤單時刻，我總會想起那兩段記憶，也困惑著為何一個人異國生活的孤單，反而從未使我哭泣？或許是在那些寂寥處境中，人因此變得更加勇敢堅強。然而，失去親友的感傷，卻使人變得遠比想像中脆弱，同時責怪自己，為何當時未能好好把握，多為他們付出、做些什麼？

BBC改編自小說《正常人》影集裡，有段類似的人性刻劃。十八歲高中生男主角Connell，無法從死黨同學突然自殺身亡的傷痛中走出來，於是尋求心理諮商師的協助。過程中Connell不停內疚地訴說著過往種種回憶，懊悔自己當時沒能好好珍惜那段友誼。諮商師聽完後安慰他：「人總是容易把摯愛的離去怪罪到自己身上。但事實上，他們的離去，責任完全與你無關，即便我們再多付出些什麼，仍舊無法改變他們離開的事實。」

當我們面臨人生類似的傷痛，全都明白再多的哀傷、自責都無法改變事實，只是難免遺憾未能好好把握彼此在一起的時光。至今，我仍深深記得那兩段傷痛的記憶，提醒著我人生的無常，以及珍惜每個相遇的當下。

給 W 的思念。

我不知道該如何看待這些朋友的離開。不過，經歷這些死亡後，讓我體會到，一旦親近的人去世，才能夠發現人與人的距離多麼遙遠，自己對於已逝者又是多麼不了解。

——坂本龍一。日本音樂人。

This won't be the last time we meet

加入全是美國人的棒球隊，以及每學期在學校登記參加語言學伴活動，對我的英文有極大的幫助。在美國要想學好英文，比起課堂上的練習，日常生活中的對話更是讓語言程度提昇的大好機會，特別是人與人之間的寒暄問候。

剛到美國的前幾個月，某天在語言學校上課時，我忍不住問老師：「美國人再見時都說 see you 或 see you soon 嗎？我最常聽到的反而不是 bye、goodbye 之類。」老師解釋，確實 see you 是美國人日常生活中最常用的道別語。

「可是許多時候，對方是我不認識或不熟的人，可能之後永遠不會再見到彼此了，或者根本不確定下次再見有多遙遙無期啊，這時候說 see you、see you soon 不是有點奇怪嗎？」我納悶地反問老師。

「禮貌上，即便如此，你還是可以說 see you 或 see you soon。」老師微笑地說。

不同的語言文化，或許也反應出我們對於道別的不同態度。

某天因為作業需要，我再度重看了電影《海邊的曼徹斯特》。其中有一幕，當李．錢德勒走出家門，與他姪子道別時，說了一句「so long」，我才意識到原來這也是美國人道別的另一種說法。隔周和語言交換的學伴亞歷珊卓見面時，我趁機聊到這件事。她說：「的確，so long 也是再見的意思，只是日常對話較少使用，是較為文言、文雅的說法。」語畢，她遲疑了一下，然後說，今後她也要用 so long 跟同學說再見。

我不知英文是母語的她怎麼想，相較於 see you 的令我困惑，so long 讓我覺得相對有說服力、合理許多。畢竟，人生多數時候的告別，是何其漫長，甚至有時才剛說完 hello，接著便是 goodbye。記得有次在學校的瑜伽課，第一堂課結束時，老師教大家說「namaste」，那是源自於印度用在瑜伽課的詞彙，廣泛作為招呼與感謝之意。但老師有她獨特的解釋：「它同時含有 hello 及 goodbye 的意思。」

或許人生中的所有相遇，真的都是久別重逢。我後來才曉得 so long 源自於紐約早期猶太人、阿拉伯人、義大利人與愛爾蘭人混雜組成的移民區，阿拉伯及猶太人在見面與道別時習慣說 shalom 或是 salaam，最後逐漸演變成 so long。同時，其背後完整的句子意涵，也可能是如字面上所表示的「直到日後我們再度相逢」（until we meet again after a long time）。只是，有時人生無常，我們誰都沒有把握，下次再見會是何時。

準備離開紐約，返回台灣前，幾位棒球隊隊友相約在酒吧，為我送行。在輪流舉杯互道告別的過程中，隊長輕輕拍著我的肩膀，帶著不捨的語氣誠懇地對我說：「這絕對不是我們最後一次相見。」（This won't be the last time we meet.）即便不是場面話，我也不認為他發自內心相信我們一定有機會再見，但那樣的道別話語，為當時依依不捨，即將離開的我，帶來無限的溫暖。

我沒有錯過的那一場告別。

我們要結束營業了，因為我們打算去旅行

你是否也常有這樣的經驗——內心以為反正某些人、某些地方，應該理所當然似的一直都在，想見有的是時間。不料突然有天，「啊？」那個瞬間冷不防地突然到來。「我聽到書店要關了」、「我討厭書店消逝」這天讀者不捨的交談話語，在我腦海裡成了警惕回聲。

二〇一九年，五月的紐約，氣候異常寒冷多雨，春天遲遲不來。五月十九日，周日午後難得出現了高溫，豔陽露臉，總算春天來了。走出曼哈頓地鐵西4街站，Bleecker 街兩旁時髦酒吧與餐廳林立，滿座用餐的客人，歡笑喧嘩聲此起彼落。心中還在想，怎麼會有一家小書店，可以在這樣的社區環境下存在十年？來到 Bookbook 書店門口，落地窗前一張手寫告示讓我原地呆站許久——最後一天營業。

前一天看了《紐約時報》，得知它本月將結束營業，出門前還猶豫著，難得天氣如此美麗的周日，是否改天再去就好？但心中害怕那個「啊」的瞬間，「會不會突然就消失了」的念頭戰勝了「改天」的踟躕。只是仍然沒有心理準備，這天竟是最後一天。

Bookbook 書店成立於一九八四年，早期專賣傳記書籍。當時格林威治村尚有不少獨立社區書店，為了爭取客群，每家都採取像 Bookbook 這樣的利基經營策略，專賣特定類型的書籍。千禧年後，接續而來幾波的連鎖、電商通路變革，迫使 Bookbook 從靠近西11街的原址，往南搬到現址，同時開始賣起各種類型書籍並兼售卡片等周邊商品，其他的獨立書店也接二連三不敵現實關門大吉，儘管社區獨立書店仍然有其功能與需求，也只能順應時代環境變遷，不停演化成不同的方式求存。

「人們來到這裡，除了當作社交活動以外，同時還可以交流社區資訊。Bookbook 像是這裡的重要地標。」在紐約大學任教的 Beckson 教授，接受《紐約時報》訪問時說。這樣的論點，在書店營業的最後一天得到驗證。絡繹進門的客人，大都不為特價折扣而來。同時，更多的是不捨的忠實老顧客，特別前來問候道別。

「你們真的要關門了嗎？」、「祝你們最後一天快樂，但為什麼要關呢？」、「期待與你們全新的相遇！」、「你們應該換小一點的地方繼續經營下去。」收銀台前的兩位店員，除了應接不暇客人打來的電話，還得回應這些熱情常客的關心。「老闆選擇退休了。你不用擔心，我們還有錢。」店員向一位焦急的老太太這樣解釋。當我問店員，他表示除了七十歲上下的老闆夫婦想退休，早列了一長串的旅行清單外，近來鄰近社區房租高漲更是重要原因。

擠滿挑書的讀者的狹小店裡，一位拄著枴杖，滿頭銀髮的老太太，單純前來告別。我問店員，知不知道店裡最年長的客人大約是多大年紀？他搖了搖頭。我進一步問：「應該有超過八十吧？」他堅定地回答：「當然，畢竟我們已經在這社區開了這麼久了，有許多長年死忠的常客。」離開之前，心中卡著一個問題，終究還是沒有開口：收銀台前仍然可見斗大手寫的「登記接收我們最新訊息」告示，但還有客人需要訂閱店內資訊嗎？對於那些老顧客來說，存在心中的記憶，或許將永遠比那些冰冷的電子郵件更加溫暖而真實。

聽說退休的老闆夫婦旅行歸來後，仍將不定期在附近的街攤、市集，繼續販售書籍和卡片，重新展開另一段故事。在這之前，我打從心底慶幸，最終自己沒有錯過參與一段旅程結束前的道別機會。

當然，並不是所有的事，都會隨著結束的過程消失。你可能會發現，當很多事情都改變時，讓生命中的某些東西延續下去是很重要的。

——威廉・布瑞奇&蘇珊・布瑞奇（William Bridges & Susan Bridges）。生涯諮商師。

每天疲勞趕路，無暇欣賞沿途風光的「人質司機」

在到美國留學前，我對美國懷有許多既定印象與偏見，好比老美時常會去公路旅行、經典的66號公路應該是許多人都曾有過的重要公路旅行經驗……後來事實證明，這不過是自己長久受大眾媒體灌輸的刻板印象。和美國朋友閒聊時，我常與他們討論公路旅行話題，沒想到得到的結論卻是：並非多數美國人都有頻繁的公路旅行體驗。更令我訝異的是，我的美國朋友未曾有人到過66號公路旅行——除了和我一起度過四天公路遠征的 Naveen。

留學期間，我刻意不積極結交認識華人朋友，加上大多數時間全投注在學校課業上，因此始終沒有機會和朋友一起在美國開車體驗公路旅行。

直到畢業前最後一個春假，機會終於來臨。我和 Naveen 僅有一面之緣，在共同友人家中認識。那次見面，他聽我提到期待有機會可以在美國公路旅行，熱情地向我邀約，幾天後的三月，他會幫朋友開車從美國洛杉磯往東，一路開到加拿大的多倫多，如果屆時我有興趣，可以在沿途隨時加入。

我當時雖然納悶：怎麼有人願意幫朋友大老遠從洛杉磯開車到多倫多？但也並未多想，只是相當心動，期待有機會在三月加入 Naveen，完成美國公路旅行的夢想，只不過仍無法確定自己那段期間的計劃。

春假的第二天，我提早完成大部分假期後得繳交的報告，於是在起床後上網查了機票，票價十分便宜，才美金一百左右（約台幣三千多），便立刻訂了機票，從紐約飛往洛杉磯與 Naveen 會合，準備隔天展開公路旅行。

當時我對行程計劃，除了起點與終點，以及可以在沿途隨時自己飛回紐約外，其餘皆一無所知。萬萬卻沒想到，那將是一段恐怖災難的開始。

抵達洛杉磯後，我在 Naveen 家待了一晚。隔天早晨從洛杉磯往南朝亞歷桑那州出發，興奮地踏上了我們的公路之旅。閒聊時，我不時與 Naveen 討論到接下來的行程計劃，他卻總是含糊帶過，感覺像是趟隨興自在的旅程，但事實卻完全相反。

Naveen 最初告訴我：「每天看我們能開到哪就到哪。」我以為可以在沿途隨意自在地停車遊覽。後來才明白，事實是我們最遲得在六天內開到多倫多，將車還給他朋友。我上網查了路程，那代表我們每天至少有十二小時以上在趕路。我心中頓時萌生不祥的預感。

第一晚時，我們進入了亞歷桑那州的沙漠，這是我在那路程中最期待的風景。然而當時天色已暗，車疾駛在蜿蜒山路，窗外一片漆黑，什麼也看不見。

眼看夜色越來越深，我忍不住問 Naveen 晚上的落腳處，他如故隨意敷衍，淡淡說著：「即使睡在車上也沒關係。」經過我不斷說服，終於在午夜過後，我們就近入住旅館。梳洗完準備就寢時已近凌晨兩點，而我們得在七點起床繼續上路。

整趟旅程，我們每天不停重覆早起趕路，凌晨再隨便找家旅館入住的過程。每日上午及下午，起碼各有一次，Naveen 累了得休息，會請我接手駕駛。能在美國開車，對我來說原本是難得的機會，只是得不斷趕路的壓力，讓原本開車的樂趣盡失。

為了減少浪費停車休息的時間，旅程中，我們盡量將用餐、上廁所及加油同時完成。Naveen還會為了在同一家加油站系統累積會員點數，無論我開得多累、肚子多餓或多想上廁所，他總像是哄小孩似地，要我再忍、再多開個半小時、一小時、一百公里、兩百公里……不停趕路趕路——每晚花錢住進飯店，卻睡不滿六小時便又得退房繼續拚命趕路，當然也無法慢慢享受早餐。

第二天起，我驚覺自己誤上賊船，變成了人質司機，在Naveen的「要求」下，得馬不停蹄地往前開。後來我終於明白事實真相，原來Naveen口中的朋友，其實是他的客戶，將車從甲地開到乙地是他的工作任務。他受聘於某公司，得幫客戶的車「人力快遞」到指定地點。我突然想起出發上路時，Naveen還熱情地說：「很多人一起公路旅行時，會要求一個人負責油資，另一個人負責伙食。這趟行程油資全由我負責，但我不會像其他人一樣劃分，只是如果你願意請我吃飯的話，我會相當感激。」、「如果你覺得開心時，想開車就換你開，不然全由我來開就好。」心中突然有重重受騙的感覺。我從未想過，美國如此幅員廣大，會有「人力快遞車輛」這樣的工作存在。

第三晚，我在田納西酒吧裡，巧遇一位熱情請我喝了許多杯酒，不停與我聊天的老美，他正巧從事與Naveen同樣的工作，但他開的是大型車輛像貨櫃卡車。美國公路上常設有專門給這類司機小歇的休息站，每晚累了就在休息站洗澡，然後睡在車上，清晨再繼續上路。偶爾他會如同這晚，停好車後，搭 Uber 到附近酒吧喝幾杯，再返回車上過夜。聽他聊著自己的工作生活，回想我們整趟旅程，Naveen 幾度夜晚不停趕路，過度疲累而使得車身瞬間左右搖竄，我心頭一顫——這樣的工作，得冒極大的生命危險。

後來，我再也無法忍受那樣的行程。第四天早晨上路後，我開始用手機上網查詢機票，試圖找到沿途是否有適合的航班可以直接搭機回紐約。終於在傍晚時，我到了辛辛納提機場，準備搭機。拿出地圖一查，才驚覺我們從加州、亞歷桑那、新墨西哥、奧克拉荷馬、阿肯薩斯、田納西、肯德基一路開到最後脫隊的俄亥俄州，短短四天竟開遍了美國八大州。那旅程某日，Naveen 受不了我不時嚷著希望改開到66號公路，才終於開下快速公路，繞到一旁的66號公路上。但僅僅短暫停留不到半小時，拍了些照片留念，便又繞回快速公路，回到我們快遞車子的趕路行程。

那四天，我終於實現了在美國公路旅行，以及開到66號公路的夢想，也完成了我人生至今最恐怖的死亡冒險。

別人出國學會一手好廚藝，不等於你也行

未出國留學前，我心中一直有個疑惑：「為何一些平常不太會做菜的朋友，展開留學生活同時，竟也開啟了變身大廚的驚奇旅程？」同時想到異國飲食的種種不便，以及自己能否適應，心底常安慰自己，只要到了當地，基於人類求生本能，在既有現實的條件下，每個人都可以自然地搖身變成大廚。後來事實證明，身邊那些友人的例子，不是哪來的刻板印象，便是人生的抽樣誤差。

從小到大，我始終是個相當挑食的人，也非美式食物的愛好者，想起要連吃兩年漢堡、牛排、披薩，常感到相當恐慌。但總是催眠自己，出國後自然而然將會因為現實所需，自己動手下廚，問題便迎刃而解。

雖然出發前許多朋友強烈建議大同電鍋是留學生必備品，但最終因為行李空間有限，加上無法想像究竟有多需要它，遂未打包帶出國門。後來抵達美國才短短不到一個月，我便徹底後悔，請家人趕緊幫忙郵寄家中多的一台大同電鍋。除了因為果然無法習慣美式食物外，每餐外食花費實在高得嚇人（紐約物價是台北的至少三、四倍，只要是在餐廳坐下來用餐，加上小費，每餐至少得花五、六百塊台幣以上）。

即使後來一周左右便收到遠渡重洋的電鍋，但受限於原本有限的廚藝，以及緊縮的時間，我在家中通常只是簡單白飯加上肉片炒青菜便打發一餐。偶爾假日有空會多做些炸豬排、滷肉燥等，供應接下來整周的伙食。偶爾吃膩了，最常應變替代的方式是什錦粥或麵——將所有東西全混在一鍋同煮，迅速又方便。只是經常吃，要不膩也難。第一個寒假返台前，我和家人討論聚餐餐廳，當堂妹提到粥時，我毫不猶豫地否決了——那是我留學生生活最恐怖的日常陰影啊。

隨著時間一天天流逝，漸漸地，我也距離變身大廚的日子越來越遠。書架上有本《一個人的無敵蓋飯》，是出國前貼心的友人特別送給我的，卻自始至終未曾派上用場。我的留學生生活，即使有空做飯，時間亦極為有限。每天傍晚放學，回到家已五、六點，早已累得沒力氣再動手，只能用最快、最簡單的方式準備晚餐。用完餐後，洗完餐盤，通常已是七、八點，稍作休息，便開始寫報告及準備隔天課業。很快就到了十一、二點的就寢時間。

如此固定、時間寶貴的學生生活，我有充分發懶的理由，完全沒機會好好依照朋友送的那本食譜料理。平時下廚永遠是最簡單方便的那幾道菜。且紐約是個美食之都，偶爾想念家鄉料理時，我便利用假日有空時到亞洲、華人餐廳用餐，一解味蕾的鄉愁。

就這樣，直到畢業那天，我終究未能搖身變成大廚。

哪裡沒有偏見歧視？因為你就是跟別人不一樣啊

「當然有歧視啊，因為你先天條件就是和他們不一樣啊。我倒希望他們對我存在著歧視，否則，我不就變得跟他們一模一樣，失去自己活在這世界上的獨特性了？」我經常和旅居美國，在大聯盟華盛頓國民隊擔任防護員（同時也是王建民在國民隊時的防護員）長達八年的徐加恩，討論在美國工作可能遇到的歧視問題。我仍深深記得他這段話，而我的留學生活經驗也應證了這個道理。

面對歧視無所不在的事實並不難，難的是如何熬過那些因歧視所挾帶而來的種種攻擊與挫折，用實力證明、告訴他們——你們錯了，請不要因為那些歧視、偏見而預先否定我。「當然，常常會因為那些歧視而被惡整或瞧不起，但我面對這類遭遇的態度是：只需認真在工作上發揮自己的專業，時間久了，他們自然會對你刮目相看，一改當時的歧視態度。」徐加恩和我分享了許多他所經歷過的故事，證明唯有拿出真本事，才能改變他人因歧視而產生的差別對待。

初抵紐約時，為了維繫在台灣時每周固定打棒球的習慣，我嘗試各種機會，四處參加紐約各球隊所舉行的選秀測試會。經過三次落選的挫敗，終於被選上，如願加入美國人的棒球隊。

我一直是專職投手，身高一七四公分、約六十公斤的體重，別說在美國，就連在台灣都不符合大家印象中強投該有的高大身材。也由於這樣的先天條件限制，我早認定自己不可能成為傳統速球派的強投。因此，十幾年來，我始終把訓練重點放在加強控球能力與變化球（曲球）的犀利度。但美國的棒球文化對所謂「好投手」的認定，仍偏好速球派的強力投手。記得第一次參加測試會，經過實戰比賽，我自認與其他老美投手相比表現並未較差，但最後卻落選了。「我們想要找強力投手。」事後詢問球隊隊長得到這個答案。我認定這結果絕對是受偏見影響，遺憾的是我沒有機會用實力證明給他們看。

但我並未因為這樣的挫折而放棄。後來總算成功加入球隊後，經過兩年考驗，不僅讓老美一改原先的歧視態度，更獲得極高的尊敬。當時我加入的是全新組成的新球隊，因此第一年戰績非常差，僅拿下兩勝，而我全包辦了。也因此，第二年起，即便球隊新加入了幾名老美偏愛的速球派強力投手，隊長仍會在重要比賽關鍵時刻賦予信任，派我上場。

人生不時存在著「冤家路窄」、「君子報仇，三年不晚」這類的命運巧合。某次比賽正巧對上當初放棄我的球隊，也是聯盟去年的冠軍隊。全然不知這段故事的隊長派我擔任先發投手。即便最終我們以一比三的比數落敗，但我的表現卻得到對方隊長極大的肯定，「七局完投只失三分，同時很多還是非責任失分，你們球隊應該選你去參加聯盟的明星賽，每一個球隊可以推派兩位。」賽後對方的隊長特地來到我們的休息區，當著我們隊長的面如此讚美我。後來，我因為剛好暑假返台，錯過了這個莫大的尊榮。但那之後，我們隊長對我的態度明顯有了極大的改變。

某回比賽，隊長突然問我：「你的曲球，是以哪位大聯盟投手的曲球當做學習模仿的對象？」我在心裡暗自解讀背後的意思可能是「你是怎樣練成如此獨特的曲球？」的讚美。但老美不像台灣人，習慣用直接、誇大的形容詞稱讚他人。或許我的曲球讓隊長大為驚豔，因此，即便我再三解釋，自己並未特別模仿哪位大聯盟投手，他仍不相信，不死心地不停追問。

返台前，球隊特地為我舉辦歡送會。我開玩笑地請隊長別因此而把我踢出球隊群組。沒想到他臉色瞬間大變，急忙揮手否定，同時跟我說了至今仍深烙我心底的這句話：「球隊永遠歡迎你！未來若你有機會再到紐約，我們一定會邀請你回來為球隊開球——你是我們創隊的傳奇隊友！」那一刻，對於最初入隊時，因為歧視偏見，所遭受的種種冷言冷語或不受重用的對待，我終於放下，完全釋懷。

只有時間及實力，能使一個先天條件完全不同的外來者，完全被接納。

第三節
•
Session Three

轉變・Transformation

享受過程，
期待終點的風景。

有問題，但未必有答案——像極了人生

網路時代，我們不知不覺看待事情習慣非黑即白的二分法，漸漸地養成了思考的惰性，盲從政治正確的集體風向。

兩年的留學生生活，無論是作業、考試，或課堂上的討論互動，幾乎沒有我們熟悉的是非選擇題，取而代之的，通常是開放式的思辨討論。差別在於討論完後，大家不見得可以獲得正確答案，但往往會有更加清楚、自己對於問題的觀點和看法。

剛入學時，我對於美式教育文化仍不太習慣，當台上教授問：「你們覺得呢？」總是遲疑著是否該鼓起勇氣舉手發言。基於過往的學習經驗，心底常常衡量「正確答案應該是什麼？」、「依照教授剛剛講的內容，他對於這問題抱持的態度是什麼？」經過幾番思考掙扎後，往往同學已回答完一輪，教授也不再要大家發表意見了。

每位教授對於同學的發言也有明顯的態度差異。有些教授容許讓多話、什麼主題都可以發表意見，但卻經常淪為閒談的同學暢所欲言，因而佔掉（浪費）全班一半以上的發言時間；也有教授除了民主外，還講求公平，經常主動點名尚未表達想法的同學。遇到這樣的課，最好的應對方式是在教授點到你之前先主動舉手。

研究所第二年，運動教練課的教授便常點名同學發言。某次課堂上，教授問的幾個問題，我全來不及反應，便被其他同學搶先答完，且那些問題算是較簡單的。後來，教授突然拋出一個相當籠統抽象的問題：「什麼叫了解你自己？」他目光掃過台下，在不到十人的課堂上，選中了當天少數尚未發言的我：「Ray，你今天都還沒說話，你來回答。」我還來不及深思題目真正的意思，一時措手不及，硬著頭皮擠出定義，臨機應變地舉了某位大聯盟教練為例，說明他就是了解自己很好的例子。

萬萬沒想到教授並不接受我的舉例，聽完回說：「你答的並不是我所問的。」然後繼續點名問其他同學。後來我才明白，教授那問題只是希望和全班解釋課本上提到的，當個好教練必須清楚了解自己的強項與弱點在哪——原來教授只是單純希望學生回答定義問題本身。

那晚課後，走在教室外的長廊上，我懊惱不已，心想為何前面那些簡單問題不搶著回答，以致於淪入尷尬的處境。有了那次教訓，往後課堂上，不管自己確不確定答案是否會被打槍，開始搶在被老師點到名前主動舉手參與討論。

當然，華人的傳統教育文化習慣，在這樣的美式教育環境需要極大的調適。某回期中考，教授給全班一周時間，在家考試作答。其中某題題目困住許多同學，中國同學紛紛私下討論究竟教授問題的本意為何？卻始終無人能確定。忽然有天收到教授寄來的信，向全班重新解釋了一次題目，並且附上同學發給他的信件內容。我看了發問的問題，心中莞爾一笑，那必定是中國同學問的：「……這是你這問題想問的答案嗎？」當然，教授並未回答，只是把題目說明得更加仔細清楚。

我們的傳統教育，培養出什麼都得找到正確答案的學生，但在美式教育中，大學校園最大的意義，在於訓練學生面對問題時，養成獨立的思考脈絡以及解決問題的能力。畢竟，當學生們有一天走出校園，面對真實的人生考驗，問題遠比課堂上的複雜難解許多，往往也沒有明確正解，需要獨立思考、判斷，做出決定。到時，我們也不再有老師可以如此回答問題背後的意思。

因為通常不存在標準答案，在課堂上討論，最常遇到也最困難的是因果關係的邏輯辯證問題。運動財務是我最喜歡，也是作業最多、最具挑戰的一門課。教授提出的問題，無論是課堂討論或報告，通常需要先精確地界定解讀，找出自己的論點回答解釋，然後再蒐集具足夠說服力的案例佐證。許多問題往往能夠刺激大家突破傳統思考的邏輯謬誤。

整個學期，教授幾度問大家類似的問題：「當政府宣傳重大公共建設，最常見的論點是興建大型運動場館，將會創造多少就業機會，這樣的論點是否正確？」這例子最大盲點在於——創造就業機會的數字多半過度誇大，那些工作機會並非全因新公共建設所創造，因為那些數字通常並未扣除原本已存在的工作，例如：建商工人、場館裡販售的攤位……只是從他們原本的工作環境遷移到新場館而已。因此，這些工作並不能計算在「新增」的就業機會裡。同理，新建場館能夠刺激帶來的經濟效益亦是如此。大家往往忽略了取代（substitutes）的結果，新商機只是取代了原本既有的商機。例如興建一座球場，場館裡的美食街帶來餐飲消費經濟提升，同時也減少、取代了原本場館周邊既有的攤販生意。

因此，官方的宣傳數字往往值得存疑。某回班上分組報告，題目是歷屆奧運在經濟上的相關成效。教授事先便提醒全班同學，儘量不要只引用官方報告，不要被其誇大的數據給矇騙了。

有理論依據的問題雖相對容易，只是課堂上教授所問的問題，不見得都能輕易找到理論支持。某回運動行銷課，教授問大家：「球迷進球場看球賽的動機是什麼？」我毫不猶豫舉手回答：「社交。我從我的經驗發現美國球迷到球場看棒球的文化跟台灣有極大不同。許多美國球迷整場比賽只顧著喝啤酒，甚至寧願與身旁的陌生人聊天，幾乎完全不關心比賽內容。」雖然在運動行銷理論上，社交的確是球迷到球場看球的重要動機之一，但台上教授卻針對我的論點，提出不同的思考方向：「這可能是因果關係問題。究竟是球賽太無聊，大家才只好顧著喝酒聊天？還是大家是為了喝酒聊天而到球場？」

兩年中諸如此類美式教育文化的洗禮，使我重新體會到許多問題往往很難以絕對的因果關係來解釋，因此，培養獨立思考辯證的能力，遠比一味的追求標準答案來得更為重要。

人生是你自己的，不需要旁人來見證

二〇一九年四月十五日，巴黎聖母院大火當天，我的 Instagram 被大量朋友過往到訪聖母院的照片洗版。一如其他重大公共災難事件，許多人藉由社群媒體，一同參與了哀悼的過程。

隔晚學校有堂運動傳播溝通策略課，主題恰巧是運動公益慈善活動的傳播溝通策略。聖母院失火的新聞成了這天主要的討論話題。老師不改直率性格說：「看到它著火的瞬間，我整顆心都碎了。聖母院是多少人的精神寄託與象徵。我雖不是基督徒，但無論如何都想盡點一己之力，捐款協助聖母院重建。」接著話鋒一轉，問大家有沒有看到在社群媒體上引發極大爭議的這則貼文：「拜託，大家究竟有什麼好難過的？又沒有人死。」老師帶著極度激動的語氣說著，並舉了一個不甚貼切的比喻：「難道說，如果你家遭逢不幸時，別人家裡也遭逢同樣的災難，會讓你比較不難過？」或許她想表達的是在社群媒體時代，鄉民對於公共議題不理性的情緒式反應，缺乏身而為人應有的同理心。

不僅這則貼文掀起議論，全球各大媒體對於民眾一窩蜂地捐款也十分憂心，認為可能因此造成排擠效應。甚至有評論批評，如果那些法國大型企業富豪願意早點捐款給法國政府，或許早就解決了法國貧富差距嚴重的問題。

每個人當然都有權選擇自己的信仰價值，進而奉獻支持。那晚課堂上，教授介紹職業運動企業投身公益活動重要的策略步驟，其中最重要的核心概念：是先選擇與自己品牌相關聯，且願意長期支持的領域，然後長期投入。因此，不同的球隊、品牌乃至球星，多半自有其長期支持的公益領域。

現代貧富差距造成社會嚴重的階級對立。許多權貴或企業選擇捐款支持聖母院重建，自有其考量，即便真如有些網友功利性地推測，他們只是為了增加社會形象曝光，同時達到減稅目的，但若這些企業與名人乾脆不捐款，會比較符合所有人的期待嗎？或者，我們也要用同樣的邏輯，去批評、指責那些只投入自身支持的特定領域的球團及球星？

但現實生活中，我們很少在網路上見到對後者的批評。然而，聖母院的重建捐款卻引起了極大的爭議。當重大公共議題在網路社群媒體發酵時，很容易便引起敵我分明的兩方互相對立攻擊，無理謾罵往往多於理性討論，也因此形成了所謂的酸民文化，一味地指責批評，不知不覺中逐漸失去了理解、包容他人的能力。如果我們能夠以更多的同理心去探討、思索公共議題，或許就不再會有「有什麼好難過的？又沒有人死」這般冷漠看待他人傷痛的網路言論。

社群媒體對我們現代生活的影響遠不僅於此。好比 Instagram，我們生活中的分分秒秒、吉光片羽彷彿全變成值得記錄的瞬間。也因此，我們正在失去科技尚未如此數位化前，那許多重要時刻。

「Moth Storytelling」是在美國相當受歡迎的說故事比賽。在紐約總是門票一開放便瞬間秒殺。每場設定不同主題，從當天現場報名的參賽者中抽出十位，每位上台不能攜帶任何小抄，得現場即興演說五到六分鐘符合主題的真實故事，然後由三組觀眾評審團負責為每位參賽者評分。

兩年間，我參加過無數次這個有趣的活動。其中某位年輕參賽者的故事令我印象特別深刻。

當晚主題是「見證」。她記得小時候，父親買了台V8，用它記下家庭的每個重要時刻，包含她讀幼稚園時，父親從後方放開手，陪她第一次學會騎腳踏車的瞬間。只是，她的人生始終有個遺憾，從幼稚園到大學，父親總是因故缺席她的畢業典禮，但妹妹的畢業典禮卻永遠被那台V8見證下來。

令人難以置信的是，她為了讓父親不再有藉口缺席自己的畢業典禮，竟然決定就讀碩士。只是萬萬沒想到，兩年後，父親依然因故缺席了她的畢業典禮。回想起典禮當天，她並未帶著任何遺憾，而是發自內心慶幸，自己終於領悟到如何享受想過的人生，而非期待旁人見證。

即便如此，她還是懷念兒時的V8時代——生活總有許多值得被記錄下來的重要時刻。如今，當我們活在分分秒秒都可以被社群媒體記錄下來的時代，那些過往的珍貴片刻，對我們似乎已不再具有相等重要的意義了。

掌控的感覺是快樂的一個基本要素……感覺自己有自主權，可以選擇自己的人生際遇，或者選擇如何度過自己的人生，這是非常關鍵的。

——葛瑞琴・魯賓（Gretchen Rubin）。
暢銷書《過得還不錯的一年》作者。

社群媒體不是你的人脈存摺

常有人對於社群媒體上所累積的朋友、粉絲數抱持著過度期待，不只懷有自己朋友數多高、多受歡迎的幻覺，偶爾還會誤以為費心經營的網友是自己的人脈存摺。事實上，除非你立志當網紅，否則，這樣的想像十分不切實際。

學校教授經常會討論到社群媒體的意義與利弊。當我們在網路時代不斷強調個人隱私的重要性時，一方面卻也諷刺地，日復一日將自己每分每秒的隱私，攤在社群媒體的注視下。

在社群媒體時代，凡走過必留下痕跡。教授不時提到職業運動球員，因為少不更事時對種族、性別歧視的荒唐發言而公開道歉，甚至因此付出慘痛代價的例子。

Joseph 是系上校友，正擔任某大學運動部門總監。在課堂上討論到社群媒體時，他提醒大家社群媒體雖是方便的溝通工具，但必須謹慎小心。當他在面試新進職員時，會要求瀏覽對方的社群媒體帳號：「我會因為社群媒體內容錄用一個人，相對地，也可能因此而不考慮某些人。」他舉例，有些人在社群媒體上幾乎都是為支持的球隊加油鼓勵的發文，此時社群媒體成了他們加分的關鍵。相反地，有些人經常出現偏激言論或者不懂節制的貼文，Joseph 便因此對這些人打退堂鼓、敬而遠之。

Cardi 同樣是系友，在某大學的校友募款單位工作，受邀回學校演講。他對社群媒體的看法與多數教授不同。募款時，他頂多只會在友人幫忙介紹認識某人、引介雙方時使用社群媒體，此後他習慣用傳統的方式與對方保持聯絡。在他的過往經驗裡，每一筆募款，經常得經過七、八通以上的電話連繫，才可能有機會成功。社群媒體在這過程中扮演的角色微乎其微。同時，他更語出驚人地告訴全班同學：「我私底下完全不是社群媒體的愛用者，我根本不在乎和自己現實生活無關的人過著什麼樣的生活。」

台下的葛斯納教授聽了補充道：「真正的人脈，是當你主動跟對方聯絡時，無所求於對方。」然後接著說明，經常有許多同學加他的社群媒體帳號，平常幾乎從未聯絡。某天突然來訊時，往往一開口便是和實習、工作機會有關的請託。若依照葛斯納教授的定義，在我們社群媒體帳號上，還有多少的朋友是我們真正的人脈？

當晚課程來到最後問答時間，某位同學突然舉手，不好意思地小聲緩緩說出：「那……你有實習的機會嗎？」瞬間所有同學及Cardi、葛斯納教授全笑了。勇於把握每一次人與人親身接觸的機會，永遠比將社群媒體視為人脈存摺經營更為實際——那晚大膽提問的同學，至少最終得到了Cardi的E-mail。

人生永遠離不開人脈連結的重要性

我從未懷抱美國夢，選擇紐約，主要也是因為我鍾情的運動產業在那有較多的機會。後來兩年的時光，我逐漸體會到許多人懷抱著美國夢而來。走在紐約街頭，似乎人人在心底全懷著各自的夢想。因此，紐約有句諺語：「如果你可以在這裡實現你想做的事，不管走到哪都可以。」（If you can make it here, you can make it anywhere.）

剛入學沒多久，系上舉辦生涯之夜，邀請就職於各職業運動相關產業的學長姊回來，與我們分享經驗，同時提供就業機會。無論是師長或校友，無一不強調建立自己人脈連結的重要性。那當下，我心情有些複雜——我不是為了暫時放下原本的工作及人脈關係才來到這的嗎？當時我才剛入學，無心想到兩年後會如何，只是告訴自己好好享受重回單純學生身分的日子。

沒想到，兩年飛快流逝。轉眼到了第二年下學期，為了畢業後一年的工作簽證機會，我開始準備履歷，同時盡可能參加各種求職就業活動。某回參加完校內職涯中心舉辦的就業博覽會，回家後心想，以我的人生條件及美國就業市場的狀況，我並沒有要留下來的決心。

我聽聞不少過來人的經驗，當初他們為了畢業後能留在美國，至少得寄出數百封求職信，不停四處面試。最後好不容易終於有了機會，即便是相當低的薪資，但為了留下及一年後可以換取正式三年工作簽證的機會，大多數人都會選擇屈就。

二〇二〇年五月畢業後，我得在三個月內找到工作機會，否則便得離開美國。Nick 是班上除了我及中國同學以外唯一的國際學生，他與我分享他每天早上起床便上網四處尋找就業機會的心情：「在美國求職真是件令人精疲力竭的差事。我每天寄出數十封履歷，至今始終未收到任何回覆。」Nick 抱怨著。當時我並沒有和他一樣努力，只是偶爾參加校外某些就業博覽會，或在網路上尋找有興趣的職缺。但經過幾次嘗試後，寄出的履歷始終石沉大海，我漸漸有了返台的心理準備。

後來某天，我與 Nick 聯絡，問他求職的近況。他告訴我當時唯一找到的機會是八月美國網球公開賽的臨時職缺，但時薪僅僅十五美元（台幣不到五百）。在紐約，生活物價至少是台北的三、四倍以上，因此換算下來，十五美元幾乎低於台灣的最低基本時薪。

「我們拿這個學位，不是為了這樣的薪水。」Nick 氣憤地說。

直到八月，因為仍無其他機會，為了不被迫出境，Nick 仍舊接受了美網的工作，等結束後再看有沒有其他工作機會可以接續。

後來 Nick 回了希臘，我也沒有留下來。在那段並不積極的求職過程中，我深深相信某次在就業博覽會上專家所說的：「在美國，你在網上看到的求職機會，大概只是就業市場的百分之三十，其他七成的工作職缺往往早已內定，透過人脈關係找到適合的人選。」難怪從入學的生涯之夜，到後來兩年的所有課程中，教授會不時提醒我們在美國就業人脈連結的重要性。

那段短暫在紐約試著找尋就業機會的經歷，使我在心底安慰自己——幸好我只為完成自己的留學夢想，而非如多數他人，懷抱著待下來的美國夢而來。

人生帕金森定律
——每一件想做的事，你都有拖延的理由

基於人的惰性，我們常常會想，有的是時間，某些想做的事可暫且擱著，待哪天真的有空再動手也不遲。但往往不是拖到沒有時間好好完成，便是遺憾地基於種種原因，再沒有機會實現。

葛斯納教授擅長財務經濟，做事相當嚴謹，且有原則。每項作業的相關細節及繳交期限，皆以書面規定得清清楚楚。因此一分鐘也無法接受作業遲交，他有他堅持的道理。

某回課堂上，他民主地與全班同學討論期末報告的繳交期限。這堂課每周開始上課的時間是周一下午五點。

「截止時間是周日晚上十二點，但沒人會認為我會在午夜十二點後、清晨起床進辦公室前批改作業吧？」他以半開玩笑的口吻說著，

接著說明他的安排：「所以截止時間是星期一早上八點，如果多出來的這八小時對你們有任何一點幫助的話。」所有同學瞬間竊聲笑著。當過學生的都知道，多出來這幾個小時，根本是整份作業的黃金救命時段啊。

當然，並非所有教授都如此近人情。某個周日晚上，我正趕著運動統計分析報告，眼看午夜十二點的死線在即，但由於仍不滿意報告內容，同時心底篤定教授不可能在大半夜批改作業，應該不會計較作業遲交幾小時。於是我決定冒險，打算熬夜寫到滿意再交。

幾天後在該門課下課時，我忍不住哀怨地跟教授開玩笑說：「我很難過，遲交被您扣了五分。」教授聽了大笑：「我知道，凌晨四、五點之類對吧？扣五分只是一點點，如果你遲交更久，將受到更嚴重的扣分處罰。」完全沒料想到他竟如此堅守原則。

在美國校園，每位教授都有其不同原則。葛斯納教授在另外一次與大家討論作業截止時間時，認真地用帕金森定律（Parkinson's Law）來解釋他所定的截止日期。

「大家經常聽到莫非定律，但我更愛用帕金森定律來解釋日常生活中的許多事情。通常我們會習於一拖再拖，想找往後有空時再做。

但每天總是不斷有新的事情發生，等待我們分神去處理。所以我們永遠有藉口沒空去完成某件事。」隨後他完全拆穿所有同學的習慣心態，「也就是說，不管給你們幾天時間都一樣。你們可以在一天內完成，也可以花一個禮拜才做完。但無論時間多少，你們都會習慣拖到最後一刻。」原來我們從小到大養成的這種根深柢固的惰性，完全被帕金森定律說穿。我的經驗同時也告訴我，人生有太多來不及的突發狀況。因此，當大部分的同學選擇先盡情玩樂，等到交報告前一天再熬夜趕時，我寧可捨棄些享樂時間，提早一點一滴完成。

每個人都有不同的選擇理由。但當我們認定某事對自己極為重要時，何不趁著仍有時間、還來得及時，好好、慢慢地享受完成的過程，因為依照帕金森定律，人生永遠有排不完的事在等待著我們。

人生莫非定律
——當你越害怕過去的努力白費，越需要從頭開始

「不該發生的，最後常會發生。」這是莫非定律（Murphy's Law）給予我們的人生啟發。但不管曾付出多慘痛的代價，總有人仍不信邪。葛斯納教授除了常提醒大家他最愛的帕金森定律外，不時也會提到莫非定律，警示同學作業備份的重要性。

「常常會有同學跑來跟我解釋說，作業遲交是因為檔案壞了、不見了。我完全無法接受這理由。你們的人生經驗應該早教會你們這種莫非定律常常會發生，沒有做好備份，是你們自己得付出的代價。」

同時，在小組報告時，他也會沿用相同理論，提醒同組一定要有不同成員握有報告檔案。儘管如此，莫非定律依然在班上發生了。幾次因為負責存檔案的唯一同學遲到，造成全班乾等的尷尬場面。

最後一學期，我總算熬到快畢業，原本慶幸自己謹記葛斯納教授的提醒，作業報告三不五時便四處存檔，總算得以逃過檔案不見必須重寫的悲劇。但或許就如同當兵時「快退伍的人八字比較輕，往往容易出事」的傳言，某天晚上憾事還是發生了——我的報告檔案消失了，花了近三小時直到凌晨，怎樣也找不到那天下午利用空堂時間埋頭撰寫，幾近完成的報告。我數度想放棄，心想要不要乾脆別找了，隔天早上直接重寫還比較快。但內心始終不甘心，不肯接受得再重寫的事實。於是試遍各種可能找回檔案的方法，最終仍遍尋不著，平白浪費一整晚的時間。

隔天到了學校，心情總算較為平復。開了新的空白檔，仍有些不甘願地從頭重寫。最後完成，按下存檔鍵時，我看了手錶，總共只花了不到兩小時的時間，且內容遠比之前的更為充實完整。這事實使我心情相當複雜，懊惱為何前一晚要多浪費那三、四小時？何不一開始就下定決心重寫？

現實生活中，不也常有類似教訓？我們害怕曾經付出的心血白費，捨不得放下失去的一切。但往往選擇放棄重來並不代表之前的努力全白費。那些我們以為枉費徒勞的路途，往往指引我們朝向更明確的下一段人生旅程。

不要過分專注於目標，而是要學會將注意力從目標轉移到實現目標的過程上。

——威廉・布瑞奇&蘇珊・布瑞奇（William Bridges & Susan Bridges）。生涯諮商師。

你想過的人生，別人永遠不會懂

最初我計劃申請的科系其實是運動心理學。身為一個連續打了業餘棒球超過十年的投手，深感許多運動新聞乃至運動文學，經常忽略運動員的心理層面，站在他們的角度去理解賽事中不得已的失誤，或是不輕易放棄妥協的堅持。我想研究運動心理學，深入了解那些成功的運動員，背後堅定的心理素質究竟是如何養成。

後來因匆忙急著出國，在申請到的有限學校中，綜合各方條件考量，最後選擇了紐約聖約翰大學的運動管理，畢竟無論企業管理或運動管理，談的核心都不脫「人」，理所當然會涉及人性、心理學，並未偏離我原先的志願太遠。

最後一學期，有門整個學程中最重要的運動論壇課，部分內容是同學得分組上台報告教授指定的題目。其中一組被指派到「運動傷害所造成的腦震盪」。近半小時的報告結束後，依照慣例進行提問時間。某同學問台上一位前 NFL 球員的同學有趣的假設問題：「如果很不幸，你運動生涯必須面臨二選一的選擇——受重傷一輩子不能再比賽，或者忍受長期疼痛、經歷漫長的復健、長期服藥治療，且不確定能否再回到場上比賽，你會選擇哪一項？」那同學聽了笑了笑，停頓幾秒後回答：「受傷一輩子離開球場吧。」這答案立刻引來台下一陣騷動。那同學見狀，立刻補充說：「我是指那傷不至於影響往後一輩子的正常生活的話。」所有同學顯然仍無法接受、理解，為何他不選擇長期服藥治療，持續等待重回運動賽場的機會。

台下教授眼見全班議論紛紛的騷動，忍不住試著打圓場：「有時候你必須考慮到運動員的心理。我前陣子讀了一篇運動調查報告，受訪者被問到類似的假設性問題——拿到奧運金牌，但必須付出極大代價，只能活到三十八歲之類；或者，永遠拿不到奧運獎牌，但至少可以活到六、七十歲……你會選擇何者？結果超過四成的運動員選擇為了一面奧運獎牌而犧牲至少一半的生命時光。」

我完全不訝異這樣的調查結果。專業運動員忍受種種漫長艱苦的訓練，以及比賽過程中身心的折磨傷痛，背後驅策他們往前的動力，通常不是有形的現實物質，而是榮耀與自我實現。為了一面獎牌，他們幾乎願意付出任何代價。

運動員如此，若是一般人的選擇呢？想想我們在日常生活中，是否也經常無從理解他人的決定，多過於感同身受？因此，人生不為別人而活，因為他人永遠無法理解你真正想要追求的目標。

那晚放學回家的地鐵上，「你必須想想身為運動員的心態」這句話一直盤旋在腦海中。如果我們一生是一場運動賽事，你會選擇為自己而戰，堅持到比賽結束；或者，害怕萬一最後成績無法令人滿意而退怯？

找到第一份工作後，畢業證書就再也沒有意義了

赴美前，我對美式教育懷有許多刻板印象，有些甚至接近偏見。幸而兩年留學生活，經歷各種生活體驗，漸漸在實際印證中改變了看法。

例如，印象中，相較於亞洲人，美國人的數學普遍相對較差。雖然很難用少數的經驗概括論定，但幾次在生活及課堂上親身遇到的經歷，至少深深感受到美國人超乎我所想像的討厭數學。

某回我有幸受邀參加美國戰士紀念日棒球賽，按規定選手必須年滿四十五歲。我與球隊經理確認我的年紀是否符合規定，至今仍清楚記得他當場笨拙的反應模樣：

「你一九七五年出生，所以，七十六、七十七、七十八……」當

場只見他舉起手，一根手指接著一根手指，天荒地老地數著，一路數到二〇一九。美國人在每天的日常生活中，究竟會遇到多少像這樣得用雙手當作計算機的考驗時刻？這在我心中，至今仍是個謎。

類似的經驗也發生在課堂上。第一年夏天，我選修了系上暑假開的運動統計分析課。每堂課都需要大量使用到 Excel 計算各種球賽數據分析。教授在第一堂課介紹課程內容時不停強調，請大家不必過度害怕，他會盡可能避免使用到數學公式計算，只會將重點放在統計數字結果的分析解讀。之後某次上課，台上教授解釋當周作業，要大家運用簡單的 Excel 公式，計算分析球隊不同球季的觀眾入場人數，以及相關的收益數字。沒想到教授剛提完作業主題，不待他說明具體內容，某位籃球校隊同學便臉色發青，焦急地舉手發問：「所以這作業是跟數學有關嗎？」教授早知所有同學害怕這門課作業得用到數學計算，聽完後無奈地聳聳肩：

「我已經盡量避免考驗到你們的數學能力，這只需用 Excel 公式便能完成，並非考驗你們的數學。況且，我可以跟你們保證，好好學會這門課所教的，一定可以幫助你們在未來找到很好的工作機會。」教授理性地分析並安慰大家。沒想到問問題的同學並不領情，大聲反駁：「我並不想要這份工作機會。」班上同學聽完全笑了。那是我人生第一次驚訝地體會到美國學生究竟有多害怕數學。那堂課所有作業內容，對我及大多數的台灣學生來說，大概很少有人會覺得它是和數學有關啊。同時，美國同學的大膽直接，看在我們台灣人眼裡有點「失禮」的反應，也令我大開眼界。

最後一學期的論壇課，更是使我見識到美式教育的自由與開放。當晚受邀回學校演講的校友與我們分享她的求學經歷與就業心得。「你們面對即將到來的畢業會感到緊張嗎？」開場時，她禮貌性地問。「我迫不及待。」後方同學大聲傳來這樣的答案。

台上的她笑了，接著問是否有其他同學對畢業有不同心情？果然，還是有同學對畢業感到茫然焦慮：「我兩年下來繳了那麼多學費，究竟得到什麼？又是為了什麼？」同學懷疑起這兩年所付出的時間與金錢是否值得。台下，在系上教學近三十年的葛斯納教授，以多年教學經驗提出他的看法：「學歷、GPA 只是幫你們找到人生的第一份工作，之後畢業證書及成績就再也沒有任何意義了。」

對我而言，兩年的留學過程，最大意義當然不是取得第一份工作的入場券，而是課堂及生活上所遇到的眾多文化衝擊，獲得許多完全不同的人生體驗。

與其急著找答案，不如好好享受找答案的過程

常常我們身陷苦惱，為某些事情掙扎不已，急切地想從中脫困——通常在此時，答案卻總是遲遲不來，甚至做下事後後悔萬分的決定。直到時移事往，心頭已雲淡風輕，回頭一望，當初難解的問題及答案才瞬間清晰了起來。

二〇一八年年底，第三學期的期末考周，再過一周便開始放寒假，但對學生而言，完全無心想像即將到來的長假，身陷學期中最難熬的地獄。平素冷清的圖書館，從早到晚擠滿忙著趕期末報告的同學。學校為了方便大家趕報告，每到期中與期末考周便貼心開啟24／7模式，整整一周二十四小時開放。這期間的圖書館，處處可見穿著睡衣、拖鞋的同學進進出出，偶爾有人連枕頭都抱來了。

我雖不至於淪落至此，但也已連續多天在圖書館趕報告到凌晨，只為應付運動財務課的「在家期末考」報告。雖然總共僅十大題，但每題皆需耗費許多精力先思索教授所問的問題真正本意，再找出對應的邏輯思辨論述方向，否則容易在思路不清的情況下，寫到半途才發現，連自己都覺得答案站不住腳，只得捨棄好不容易完成的內容，從頭作答。加上截止時間的心理壓力，在反覆思索過程中，經常陷入找不出最佳論述方向的焦慮。

在美國校園，通常教授要的並非所謂的標準答案，而是藉由回答問題的過程中，評估學生對上課內容的吸收及轉化成自己的見解觀點。某回上課，教授一進門便開口向大家說：「上周作業有一題，幾乎所有人都誤會了我出題的本意。我問大家職業運動會計年度是否應該以一年為單位，原本是希望你們朝較長遠的角度思考，一年的會計年度報表，通常難以反映正處於重建計劃中的球隊長遠的投資效益。因此應該思考不以一年，而是以較長的複數年做為會計年度單位。」我同多數同學，回答不該以一年做為單位，但申述論點是打進季後賽的球隊，會有些收支超過一個年度的會計期間，而非教授期待的，以較長的期間思考球隊的經營效益。但結果教授仍給我滿分。

那次期末，在連續近一周熬夜至凌晨後，終於寄出報告。才十題申論題，最後內容竟然長達二十七頁。儘管耗費許多時間心力才完成，但我對許多內容仍有些心虛、不甚滿意。疲憊地走出校園，搭Uber回到家時已破曉，第一次見到紐約清晨五點，天光漸亮的天空。進到房裡，整個人便癱在床上，瞬間入睡。

一覺醒來已過正午，一如往常為自己手沖一杯咖啡，搭配簡單的麵包，悠閒地享受寒假首日。剎那間，心中閃過念頭：「啊⋯⋯那一題我有答案了！昨天整晚為何沒想到如此回答呢？」懊惱地心想，如果可以拿回報告重新作答，我必定可以答得更快、更短、更好。

回想我們的人生，不也常這樣？當我們陷入困境中，越是急著想找出答案，越是不得其解，受困於各種思考盲點，乃至忙中有錯。總是在事後責怪自己，想像如果一切可以重來，結局或許不至如此。因此，與其急著找答案，何不好好享受當下的過程？人生往往，答案需要的，只是時間。

人生是有價的，每一個選擇都要付出代價

人生很難，難在我們無時無刻得做決定，且不知每個決定將如何影響往後的人生。我們每天都在面臨兩難——紅燈的十字路口，猶豫要不要右轉、氣象預報說今天會下雨，猶豫到底該不該帶把傘出門……每個決定都是一種冒險，也是選擇的機會成本。

這天運動論壇課討論的題目是「禁藥是否應該被允許使用」。某位同學提出支持禁藥應該被允許：「職業運動選手常需服用各種藥物，例如讓身體疲勞恢復快一些。因此，才會經常有運動員不小心誤食含有禁藥成分物質的新聞。」聽起來似乎情有可原，但台下教授完全不認同這論點，發話打斷全班的討論。

「身為職業運動員，應該要非常小心，清楚知道所有自己吃進身

體的東西是什麼。」教授表達他的觀點，同時進一步解釋，真實生活中，我們每個人每天都在做選擇，然後為自己的選擇付出代價，更何況是身價上億的職業運動員。接著話鋒一轉說道：「常常有人說人生是無價的，但事實上並非如此。如果真的無價，又怎會有當交通意外事故發生，受傷一方提出高額求償呢？人生當然是有價的。」

教授舉例，試圖使大家理解日常生活隨時都存在著選擇的機會成本，每個人都必須為自己的決定負責。我們做決定的當下未必曉得背後得承擔哪些代價，只是順著心意做出決定；但也可能有許多時候，我們清楚明白背後得付出的成本，卻仍選擇不計代價，堅持做出自己想要的決定。

「人生是有價的」，既然如此，我們何不選擇自己所相信的人生價值？課堂上討論的禁藥問題，最後全班無法取得一致共識。那些並非無心誤食禁藥的運動員，當他們選擇冒險的當下，便代表對他們而言，在人生價值的選擇上，運動場上的成績遠比人格的誠信來得重要。因此，當有朝一日不再僥倖，被驗出服用禁藥，嚴重者運動生涯或就此結束，值得為他們感到惋惜嗎？一點也不。這是他們的人生選擇，而人生，是有價的。

我們注定要選擇，每一個選擇都可能要承擔無法彌補的損失。

——以撒・柏林（Isaiah Berlin）。哲學家、觀念史學家。

每一種選擇都會衍生出數量龐大的未來可能。

——波赫士（Jorge Luis Borges）。阿根廷作家。

夢想的路上，每一步都算數

兩年的研究生生活，我在學校的寫作中心遭遇到最多挫折，也得到最大的成就感。

重回校園前，有過來經驗的朋友曾多次叮嚀我：「報告繳交前，最好都先請美國朋友幫忙看過。」當時完全沒有預期到，語言隔閡加上學校地理位置偏僻，同學放學後多半都直奔回家，加上大家幾乎白天已有工作，要結交美國同學當朋友，並非如想像中容易。與其他同樣有美國留學經驗的朋友聊起，大多也有難以打入美國同學圈子的相同感受。

因此，兩年下來，請同學幫忙修改報告的機會竟僅有一次。那一回是分組報告，所有成員一起用網路 Google 檔案撰寫各自負責的部分。因為不希望影響其他組員的成績，在報告繳交前，我特別請同組美國同學先幫忙過目有無任何文法問題，同學答應了。只是沒想到報告發下來時，老師在分數及意見上寫了：「有些地方有英文文法錯誤。」美國同學可能有文法的問題嗎？顯然，那位同學並未履行承諾，事先幫忙確認。

那兩年我幾乎每周都有趕不完的報告。在沒有同學可以協助的情況下，學校的寫作中心成了我最重要的資源。依學校規定，每人每周有兩次，每次一小時的額度，可以預約請寫作中心的助教幫忙批改報告。但助教們畢竟大多仍是大學生，程度不一。我不斷嘗試不同人選，最終才慢慢建立起自己認定程度較佳的名單。

Marla是我後來固定會約的助教，除非剛好遇到時間衝突，否則每周都會固定找她報到，討論報告的文法問題。Marla在學校主修英文，且是五年學程的最後一年，在英文寫作上相當專業，對於用字及語意的表達有極為挑剔嚴苛的標準。她習慣不直接糾正我的錯誤，或提供正確的改法，而是在發現問題時先反問我：「你這裡想表達的是什麼意思？」在討論過程中，我不時充滿挫折，生氣自己無法表達清楚——無論是寫作上，或當場該如何與她準確解釋那樣寫的用意。對於曾經身為編輯人的我，這樣的語言溝通障礙令人沮喪極了。

上課總是搶坐第一排位置，習慣手抄筆記的我。

圖書館裡的孤獨時光。

通常在和 Marla 說明完我的想法後，她會接著建議我如何修改。只是當下我常心想：「若照那樣寫的話，根本並非我原本想表達的意思啊。」但礙英文能力，及每次一小時的時間限制，我常常放棄進一步解釋溝通。這像極了我留學生活的縮影——身處異國，文化差異加上語言隔閡、溝通障礙，容易使人在日常生活上吞下心裡的委屈，放大異鄉生活的孤獨，感覺自己身為一個異鄉客，似乎總是無法被完全理解，永遠都像個局外人。

曾經有數個夜晚，我對於人與人之間無法完整溝通感到無比挫折，上網重看年輕時喜愛，但或許並未完全看懂的電影《愛情不用翻譯》。每回看完，心中的失落感總是頓時釋懷許多。那些在寫作中心遇到挫折的過程，全像是那片名《Lost in Translation》的最佳註腳。

直到最後一學期，漸漸地，我已能更清楚地向 Marla 解釋彼此的意見差異，反應她的建議並非我的原意。她開始漸漸接受我的想法。過往一年多在寫作中心累積的挫折，逐漸轉變為極大的成就感。原來經過一點一滴的努力，我的英文能力終於有了顯著的成果回報。

猶記得最初固定到寫作中心報到時，我常在討論結束離開後，邊依照助教建議訂正報告，邊在心底疑惑著：「一周兩次，每次一小時，就算到畢業也才不過能來幾十次，究竟可以有多少進步呢？」

畢業前，某次報告需要回頭查第一學期寫的作業。當我打開檔案時，心底一驚，完全無法相信當時自己的英文寫作竟然那麼糟，語意模糊不清且有多處明顯的文法錯誤。同時卻也欣慰，兩年來每周堅持固定到寫作中心報到的辛苦沒有白費。

原本個性嚴謹嚴厲的 Marla，最後一學期偶爾會在討論過程中勉勵我：「你應該對自己這些日子來的努力與進步感到驕傲。」我只是淡淡笑著，並不以為意，覺得自己仍有極大進步空間。直到畢業前的五月，最後一次一如往常，在周一中午來到寫作中心與 Marla 討論報告，我才深刻感受到她的讚美對我所代表的重要意義。

因為是最後一次，我們討論起究竟我是從何時開始周周來寫作中心報到？總計又累積了多少時數？我們的記憶有些落差，Marla 忍不住好奇上網，從學校寫作中心系統查出答案。

「從去年九月，上學期開始，兩學期下來，你總共來了三十小時，其中有二十四次助教是我。」我聽了好奇地問她，其他同學來寫作中心報到的頻率狀況。畢竟如此持之以恆地請助教看報告，除了要趕在討論前提早寫完的時間壓力外，對於毅力更是極大的挑戰。

「沒有任何人像你來得如此頻繁、固定，你大概創下寫作中心的次數紀錄。」聽 Marla 如此說，我心想那一次又一次的挫折打擊，到寫作中心甚至成了我每周恐懼的壓力來源。沒想到，在兩年留學旅程的最終，這一路的歷程竟轉變成令自己感到值得驕傲的成就。

原來人生從來都是這樣，看似微不足道的點滴努力，最後總會累積出讓自己欣慰的成果。許多當下見不到具體回報的付出，總會在時機成熟時，告訴未曾放棄的人，努力終有回報，每一條走過的路，每一步，都算數。

未來並不遙遠，眨眼間今日已是昨天

人不管離開得多久、走得多遠，終究有天會回到當初離開的地方。

二〇一九年五月，某個清晨醒來，等待兩天後的畢業典禮。幫五月天「人生無限公司」世界巡迴演唱會做文字記錄的朋友傳訊告訴我《早上六點半遇見五月天》書裡有我，然而我並未多問內容寫些什麼。

但這使我思緒回到二〇一七年十一月，我抵達紐約還不到半年，一切尚未安頓下來。當時的我，已不太過問故鄉的消息，努力讓自己能夠與過往徹底隔絕，儘早融入、適應留學生活。

那天，朋友隨著五月天巡迴來到紐約，我對紐約還人生地不熟，第一次充當起地陪。我們交換彼此分處紐約與台北的近況。早餐後，沿著百老匯街悠悠晃著。異鄉重逢，或許是離開得還不夠久，當時心中一直覺得自己完全不屬於紐約，而故鄉的一切，似乎正點點滴滴離我遠去。

當時朋友聽了我在紐約的生活描述，得知五月天演唱會上，我最想聽到的是〈頑固〉，語氣篤定地跟我說：「那你明天晚上一定會哭。」隔晚演唱會結束後，從布魯克林 Barclays Center 回到住處，收到她傳來的訊息：「在紐約聽五月天演唱會是什麼心情？有哭嗎？」

「沒有，整晚，我只是一直想著時間。漫長而遙遠。往後，我為何會在年過四十後，一個人來到紐約？往前，兩年似乎遙不可及，我究竟能否熬到畢業那天？」我如此回朋友。

人生，只有當我們回首時，才會驚覺，那些原本在心中想像漫長而遙遠的未來，一轉眼便來到面前，如吉光片羽般短暫。

轉眼間，再不到一周，我就畢業了，二〇一九年五月，美國畢業的季節，我獨自坐在剛到紐約時好不容易才找到，可以讓我生活安定下來的咖啡館，一個能固定寫作業的地方——終於，順利完成兩年的旅程，我開始動筆寫下這一路所經歷的一切，好安心地為這段旅程正式畫下句點。望著咖啡館裡進進出出的紐約客，習慣大聲談天的老美，一切仍一如往常，只是眼前再沒有永無止盡的作業等待著我。

卸下了學生身分，我連觀光客也不是，不帶任何身分，完全地自由，卻也帶點空虛——暫時不再需要為了明天而努力。往後，往事那麼遠又那麼近，我仍無法相信兩年就這麼過了；往前，如同出國前車上固定播放著五月天的《自傳》專輯，手中握著方向盤，經常不停反覆自問：「真的要去那個地方嗎？」此刻，離開了兩年的故鄉，似乎已變得遙遠陌生，我在心底改問自己：「真的就這樣，要回去那個地方了嗎？」

我從沒想過，年過四十會在紐約念書，如同從未想過，有天，會在紐約看五月天。

畢業，需要一場儀式——結束是新生的開始

出國前，我以為會在出發的飛機上放聲大哭，結果並沒有，也許是因為對於即將到來的一切懷抱著無限的期待。

畢業前，回想一路所經歷的困難，無法想像在畢業典禮上台領取畢業證書的那一刻，自己究竟會哭得多慘。沒想到最後卻是十分平靜地走下台。也許人總是這樣，如同馬拉松比賽，當我們回頭望向當時覺得多漫長難過的關卡，一切都不再如當時想像的那般艱難。

二〇一九年五月十七日，兩年的留學旅程，終於走到畢業典禮這天。

「今天是重要的大日子，大家記得要露出開心的笑容。」稍早迎接準畢業生入場時，一旁的教職員，比主角還開心地熱情提醒著每個

人。會場裡，準畢業生們入座後興奮地交談著，等待台上典禮正式開始。後方親友席突然傳來幾陣響亮的嬰兒哭啼，像是醫院產房，新生兒呱呱墜地來到世上。這一幕宛如上帝精心安排，送給在場所有準畢業生的隱喻禮物。

不久後，台上的畢業生代表開始致詞，娓娓細述兩年前，她從烏干達帶著時差，第一天來到這校園，無親無故，身上也沒有足夠的錢，束手無策地到系主任辦公室尋求有無任何獎學金可以協助她的故事。那一切，彷彿都曾發生在台下每位準畢業生身上。昨天，一切都是全新的開始；今天，旅程已來到盡頭，新生已轉換成準畢業生身分。

畢業生代表致詞完，所有台下學生終於可以輪流上台，領取畢業狀。從那一刻起，所有人已瞬間正式成為畢業生。

「今天從這個學校畢業，對台下所有畢業生而言，都是人生一段相當重要的實踐。我在此期勉所有人，能帶著在這段旅程中所學到的知識，勇敢去面對往後人生接踵而來的所有挑戰。」台上師長如此鼓勵大家。

終於來到典禮尾聲，台上教務主任表示自己很榮幸地代表學校，正式宣布、歡迎所有在場畢業生，從此刻起正式加入成為校友一員。

準畢業生、畢業生、校友，簡短的典禮流程，如此迅速地身分轉換，如同在場所有人所經歷的兩年求學歷程，一轉眼，昨天已成記憶，今天已是未來。人生，每分每秒都在告別與新生。

從沒想過這天來得如此之快。短暫的典禮，並沒有這些日子以來，在心中反覆練習準備面對的感傷情緒，只覺得一切顯得極不真實。

典禮結束，禮堂外，一場午後陣雨後，乍然灑落遍地耀眼的金黃色陽光，映射在每位已成校友臉上的歡愉笑容。所有人開心地四處與同學師長合影留念，沒有一絲離別的感傷，似乎每個人心中都懷抱著滿滿的希望，迫不及待要踏上下一段旅程。

人生中重要的一天。（攝影：黃國恆）

抵達目標是為了重新開始。你可以往一個方向走，最後結束在起點。

——厄凌・卡格（Erling Kagge）。挪威探險家、作家。

M
LAST
TOP

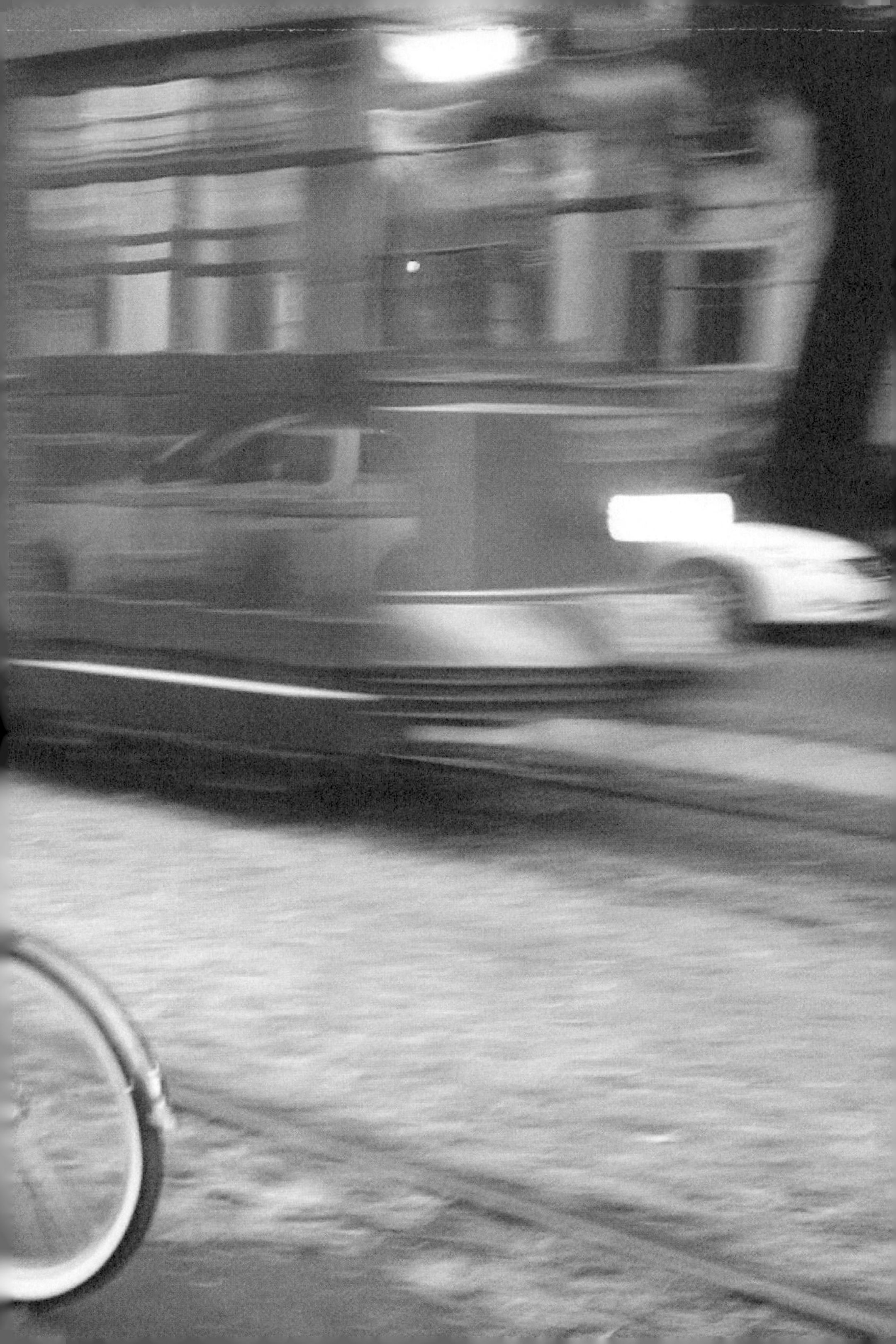

第四節

·

Session Four

未知·Curiosity

帶著好奇，
等待未來的驚喜。

總有一天，你得翻越人生的第二座山頭

你是否也曾有類似的開車經驗？當我們行駛在未知的隧道裡，因漫長不知終點在哪的等待而焦急，不斷想著：「究竟幾時才能抵達出口？」驟然間，眼前透出一絲光，車子終於駛過隧道盡頭，回頭一望——原來這隧道竟是如此短暫。

「終於一切都結束，可以解脫了。」畢業後第一天，寫作中心的助教如此形容她的心情。我附和說著我也有「一切都結束了」的感受，只是心境完全不同。兩年來，每當面對著永遠趕不完的作業，心底總是想著，究竟哪天才可以不用再應付這一切？每每看著咖啡館裡裡外外，自由歡笑來去的人群，總是在心中忍不住抱怨：如此大好時光，為何我身處繁華的世界中心，卻得綁在這裡寫作業？一心恨不得可以趕快畢業，逃離這些數不清的作業。但心中理性的另一面又屢屢提醒自己，當初付出了多少代價，好不容易才換來珍貴的校園生活，應該好好珍惜把握眼前的一切。

兩年的時光，不知不覺，竟也真如轉眼般過完了。「我迫不及待想展開下一段旅程，還有許多計劃等待著我呢。」當我問另一位同學對於畢業感到期待或不安？她毫不掩飾地流露出心中的興奮。畢業前幾周，我經常望著校園裡四處拍照留念，準備迎接畢業的學生，從他們臉上看到無比的雀躍與滿懷的希望。二十多年前，我也曾經有過同樣的心情，只是這一路走來，我再也不是青澀的準社會新鮮人，心中再不復當時那股純真，也不再對即將踏入的社會存有過度美好的幻想，但仍懷抱著如同當年的滿腔熱血，準備迎接經過斷捨離盤整後的人生下半場。

面對畢業後的日子，如同大衛．布魯克斯（David Brooks）在《第二座山》書裡所形容，我已翻越了生命的第一座山頭，前方蓄勢以待的是人生的第二座山，它與第一座山截然不同。當我們初入社會時，攀登的是人生的第一座山，追求身分、地位、財富……這些社會文化及世俗價值認定的目標。而當一切穩定下來之後，我們會開始轉而思考，接下來的人生價值與該追求什麼，並慢慢找尋探索自己的第二座山在哪。此時，我們的目標會從以自我為中心，轉變為以他人為中心。

我在四十幾歲，二十多年後，再度經歷從學校畢業，走出校園的過程，當然有著極大不同的心態。我開始習慣用「刪去法」選擇自己的生活，明白哪些不再是我想追求的，希望將時間留給更有意義的事情，同時能對社會有更多的貢獻。

學習放手，不執著的人生練習

從未想過兩年的留學生活，每周校內免費的瑜伽課，竟會成為我最喜歡的課之一。最初，有很長一段時間，好勝的我，對於無法做到某些老師要求的動作而感到灰心、挫敗。後來漸漸地，每一次的瑜伽課，都變成是一趟練習放下的旅程。

二〇〇八年時，我曾有段身心狀態不是很健康的時光，偏頭痛、失眠、約半年未能治癒的感冒糾纏著我……當時努力試了各種方法企圖改善，包括固定每周打棒球、報名十二堂的瑜伽課程等等。至今我已完全沒有印象當時瑜伽老師教些什麼，只記得每堂課幾乎都在學「如何呼吸」。

後來，我只去了不到八堂課，呼吸似乎還未學會，但生活不知不覺地已回歸正常軌道，因此我未曾再回去上瑜伽課。十年後，二〇一七年六月十八日，剛到紐約落腳處，整間房子空空蕩蕩，一項家俱也沒，當年那張瑜伽墊，負責救急地跟我來到紐約，展開了克難的留學生活。

十一年後，第一年暑假返台，因為留學生活總是睡眠不正常，身體長期痠痛疲勞，朋友介紹我去做身體判讀芳療。結束後，芳療師告訴我：「你常忘了呼吸。」於是暑假結束後，回到紐約學校，我從每周固定會去的校園健身房，走進就位在隔壁的瑜伽教室，開始每周上起瑜伽課。我常常想起十一年前，一路時光連結到今天——沒想到我竟然仍未學會呼吸。

再度重新開始上瑜伽，雖然每堂課老師仍會提醒大家注意呼吸，但已非記憶中整堂課都有目的性的在做呼吸練習。相對的，每次全變成一段讓自己內心平靜，放下的時光。

某回下課和瑜伽老師討論瑜伽放鬆是否與健身有衝突，因為我平常有固定的棒球賽及健身習慣。老師提到學校棒球隊在球季結束時固定會來上她的課，球季中則不會。但有些球員偶爾會自己去上，目的在於「獲得內心的平靜」，好讓他回到場上時可以專注思考。那使我想起每堂瑜伽課最後，老師在「大休息」姿勢時，總會不停提醒大家 let it go（放下）及正面思考。

記得某次做「樹式」時，我的雙腳突然重心不穩而倒下，我露出苦笑。老師見著後說：「Ray，你是不是對於什麼事感到挫折？」我只是尷尬地笑著，直到下課後才主動解釋：「我沒有什麼特別感到挫折的事，只是笑自己為何如此簡單的動作都無法做好。」老師笑著鼓勵我說：「其實你多數動作已經做得非常好，別讓那一點點小失敗影響你對自己的肯定。」後來和學習多年瑜伽，並且擁有多種師資證照的朋友討論，為何有些動作我反覆做了又做，卻總是無法達到最標準的姿勢？朋友給了我「不斷練習，但不執著」的建議。直到學校最後一堂課，我仍在學習放下。

二〇一九年五月，學校期末考周，但我已經完成所有學分，悠閒地等待著隔周畢業典禮的到來。於是報名這天早上的戶外瑜伽課，這是學校為了紓解學生期末考身心壓力固定舉辦的系列活動之一。

那一小時的戶外瑜伽，某些瞬間，我腦中的人生跑馬燈，像是兩年學生生活的縮時攝影，輕盈地掠過心頭。眼前是近似國父紀念館建築的「孫逸仙紀念大樓」，最初我來到這學校時，首先報到的語言學校辦公室所在處。四周整排的櫻花樹，五月正逢盛開季節，微風陣陣，躺在瑜伽墊上的我，輕閉著雙眼，依稀瞥見片片櫻花隨風飄落。那樣美麗的告別場景映在我心底——彷彿昨天我才決定出國，為何今日兩年已匆匆流逝？一切如同一場夢，我一時片刻，還不肯從夢中醒來。但望著眼前片片飛舞的櫻花，瞬間我突然釋懷——人生再怎麼不捨，終究得學會放手。已經到了回家的時刻，我練習在心底慢慢放下這兩年來不捨的一切，如同那年，我決定放下所有，終於來到這裡。

瑜伽課結束，我張開眼，望著眼前那棟初來時打從心底覺得突兀、格格不入的中式建築——原來人生的起點與終點，往往是相通相連的——我即將告別這裡，回到我當初離開的地方。

每個人心中都曾有害怕錯過的夢想

「之後你來美國找我，我可能會在餐廳端盤子。」出國前，有天我滿懷興奮，跟友人提及即將前往紐約念書時，如此開玩笑跟她說。「那很酷耶！」我不懂那樣的玩笑話為何讓朋友覺得酷，但心中對於即將到來的留學生活當然有所想像與期待。厭倦了十幾年的工作生活與人設身分，那玩笑背後或許象徵著，我內心期盼接下來兩年的生活歸零重啟。同時，我也私心希冀也許會有全新的機會來臨。但直到畢業，回頭對照早先心中的臆想，原來真實生活和當初心中擘劃的畫面大都不盡相同，我自始至終沒有到餐廳打過工，許多期待的轉捩點與機會，也並未到來。

人生就是如此。我們因為有所期待，所以害怕錯過。而當我們的期待越大，害怕錯過的恐懼也就越強烈。

記得某次在運動消費心理學的課堂上，台上教授介紹各種球迷進球場看球動機的心理學理論。

「常常球隊宣傳比賽會以球迷 FOMO 的心態去宣傳，例如，如果你不來這場比賽，你將錯過見證某某明星球員全壘打後的集體狂歡、球隊或某球員的第幾勝里程碑的歷史性一刻。」教授介紹了職業運動常會討論到的 FOMO 理論。

當下我聽了滿臉疑惑，轉頭問身旁同學「FOMO」是什麼意思？「那是 fear of missing out（害怕錯過）的縮寫。」聽同學如此解釋，我才瞬間恍然大悟。

教授接著反問大家，但往往結果是什麼？球隊宣傳的重大事件並未如期發生——意味著沒有受廣告打動而買票進場的球迷，其實什麼也沒錯過，一點損失也沒有。FOMO 理論也運用在我們真實生活裡——行動派的人總害怕著「現在不做，也許就再也沒有機會了」；相對的，也有人信仰錯過就「算了啦」，得過且過的人生哲學。

返國後，我偶爾會想起如果當時做了不同的決定，現在的人生又會是如何？我不確定，也無法重來，但我總欣慰，當初因為害怕永遠錯過留學的機會，勇敢啟程，留下這一輩子難忘的回憶。

想像你現在已經九十歲了，洞澈世事的你，不妨回顧一下自己的一生，比如說：當年如果我選擇另一條路，結果會怎樣？如果我在那個時間點做些改變，是否會更好？在那之後，又應該做哪些改變呢？

——威廉・布瑞奇&蘇珊・布瑞奇（William Bridges & Susan Bridges）。生涯諮商師。

最終，我還是沒有訪問到鈴木一朗

每個夢想的背後，不一定全然義無反顧，但都得經過精打細算。

身為出版工作者，在過往的工作經驗中，我經常得到類似的體悟——當我們在閱讀任何成功人士的故事時，必須非常小心，因為往往這些書會刻意誇大彰顯成功的結果，而忽略、捨棄了背後許多不為人知的掙扎與血淚，甚至不足為外人道的失敗。

打從動筆書寫到定稿完成，我始終希望沒有人會將這本書誤讀為「有志者事竟成」的成功勵志書。相反地，我想要誠實地告訴所有人，這段旅程最真實的經過，讓人生同樣處於類似的徬徨抉擇路口的人，可以有所參考借鏡。

我無法自信滿滿地說，當初完全只憑著對運動的熱情與興趣，便義無反顧地選擇念運動管理。相反地，我做了許多畢業返台後有哪些相關工作機會的實際評估。只不過，無論那些可能的機會有多渺茫，我仍會決定出發。

當時，我最渴望畢業後能成為運動員經紀人，提供選手各種協助，好讓他們專心在運動場上盡情投入，追求更佳表現。野心更大些，甚至希望有機會進入素有吸血鬼之稱、全球第二大運動經紀公司——波拉斯經紀團隊。

猶記出國前，某天在朋友為我送行的聚會中，開玩笑地跟他們說：「希望幾年後，當我們再見面時，我已經是波拉斯團隊、大聯盟球員的經紀人。」但在兩年的求學過程中，我才逐步認清現實，了解到要進入這間公司有多困難，連以英文為母語的美國人都搶破頭了，更何況是國際學生。同時，能夠擠進這類公司的，大多數是法律系畢業生，前幾年的工作內容主要著重在合約的處理，而這並非我原本期待的工作性質。

當台灣運動員的經紀人是另一種可能。但台灣多數選手從小到大全是由家人身兼教練與經紀人，且大都不認為真有聘請專業經紀人的必要。因此，回國至今，我仍在努力嘗試找尋可能的機會。

除了上述兩種可以學以致用的可能性，當時我也期待能有機會藉此進入大聯盟殿堂，站上大聯盟球場，甚至訪問大聯盟球員。這是我從小到大渴望，卻始終覺得難以實現的夢想。後來，這個夢想竟然真的成真了。

二〇一八年暑假，為了能趕在兩年內畢業，我向學校提出了利用暑假實習的申請，最後獲得擔任台灣體育媒體駐美特派實習記者的機會，負責採訪大聯盟比賽。為了實現夢想，那兩個月的實習，不只沒有薪水，所有相關支出還得自費。我從美東到美西跑遍了五座城市，完成超過四百個小時的實習時數要求，採訪超過五十場大聯盟球賽。

印象最深的一次，我為了採訪鈴木一朗，從紐約特地飛到他當時效力的水手隊主場所在地的西雅圖，進出球場及球員休息室，貼身觀察場上場下的棒球之神。後來儘管我打從心底認定機會相當渺茫，但仍鼓起勇氣一試，向他的翻譯 Allan 提出採訪鈴木一朗的要求。沒想到竟得到正面的回覆：「如果你可以跟著飛到下一個城市波士頓，也許會有機會。」如今回想，或許這不過是他希望我知難而退的暗示。但為了實現採訪鈴木一朗的夢想，我隔天仍從西雅圖飛回東岸波士頓。可惜終究無緣訪問到鈴木一朗。

後來與一群長年負責貼身採訪鈴木一朗的日本記者聊天，才確定就連日本媒體，他也鮮少接受專訪。即便那趟從美東與美西間的往返最後徒勞無功，但我至今仍深刻記得鈴木一朗在球員休息室及賽前練習時，一如傳聞中無比專注嚴謹的模樣。

我相信有天當我老了，即便並未學以致用，從事運動產業相關工作，我仍將無比驕傲做此決定，擁有這段回憶——某個星期六早上，我在球員休息室門口，親眼見證了鈴木一朗手上拿著一杯咖啡抵達球場，與守候的媒體們，包含我，親切地說聲早安。

這一站與下一站的過渡中

返台後，我經常訝異——兩年的離開，時差失序遠遠超出想像。

相對於時差對旅人所帶來的困擾，幸好人類擁有令人難以想像的感官記憶能力。感官記憶極其細微，並不容易察覺它的存在。「這真是個神奇的城市，不管我離開得多久，走得多遠，它都能自動幫我連上離開的那一天，那個瞬間。」李宗盛在他代言的廣告裡所敘述的這段話，便屬於感官記憶。猶記得離家那天，自己遲疑不捨的關門聲；每天早晨醒來，廚房裡手沖的咖啡香……只要人一回來，這些聲響氣味，馬上便可連上過往日常，不著痕跡地佯裝我似乎未曾離開過。

而時差恰恰相反，總是使歸來的旅人感到一切變得異常遙遠。時差可分為生理及心理。生理時差，一個禮拜，再久，兩個禮拜便可恢復。然而，心理的時差，則需要一段漫長的時間安頓，與家鄉人事物重新建立起彼此的連結關係。「你不是剛去了一趟布拉格？」返國後不久，友人見了面突然問我。事實上，那已是二〇〇六年的往事了；「你不是有在寫什麼專欄？」前同事如此問我。這錯亂倒沒那麼久，但也是三年前的事了。

心理的時差，讓歸來的人無從預期要在多久後，才能與故鄉，原本生活中熟悉的一切，重新建立起身心安頓的秩序。

二〇一九年畢業後，我和許多在美國留學的學生一樣，申請了一年的 OPT（optional practical training）實習簽證，但考量到現實種種條件，我並不認為自己會再待一年，且在一年的 OPT 結束後，我會和許多人一樣，為了美國夢想方設法留在境內，再低的薪水都願意接受，只要有企業願意幫忙申請、抽 H1B 正式工作簽證。

用 OPT 待在紐約等待是否有任何機會約莫半年，直到十一月，我決定打包行李回到台灣。至今，我仍常不免心想，就這樣離開不覺得可惜嗎？誰知二〇二〇年初，全球遇上嚴峻的一年，新冠肺炎疫情衝擊下的紐約，幾乎所有活動均處於停擺狀態。偶爾聽到仍待在紐約的同學與朋友們的近況，我打從心底慶幸提早回來——原來，命運對人生自有最好的安排。

返國後，我經常迷失在紐約與台灣的時差裡。兩年多的紐約記憶，漸漸地淡出離我遠去，而回來的時間卻還未夠長，長到可以讓我重新完全融入原本熟悉的台灣生活。

我暫時來回擺盪在這一站與下一站的過渡中，在時差拉扯下，心中時不時會浮現當時做出國決定的過程。但隨著日子一天天過去，漸漸將我與紐約的距離越拉越長，但與台灣的生活距離，卻不盡然相對地拉近。「當初這樣的決定究竟是對或錯？」這問題仍不時糾纏著我。但每當在二〇二〇年聽聞許多名人接續不幸驟逝的消息，感傷之餘，我總會再想起當初做決定時的關鍵——沒有人可以保證明天是否會準時到來。同時，眼見疫情使得世界持續處於巨大的變動不安中，我深深慶幸自己已經留學歸來。否則，在不知世界各國何時能恢復正常運作的情況下，或許出國留學的夢想，將成為我一輩子未竟的遺憾。

Settle Down——回家比離開需要更大勇氣

比起離開，有時候回來需要更大的勇氣。如果離開，是為了放下原本的身分，那麼回來時，你應該已是不同的你，原本熟悉的環境也變了。此時，你要如何帶著全新的身分重新開始生活？

畢業返台後，至少長達半年，我像是個遺失地圖的時間旅人，常常忘記自己當下身處何方，不斷遊蕩、穿梭在時空的夢境裡。

我的生活網絡變了。有時，人好端端站在台北捷運月台上，腦中卻突然斷片，感覺一片空白，看著前方即將進站的列車，我恍惚疑惑著：「為何我會站在這裡？我不是人還在紐約又臭又擠的地鐵上？怎麼此刻會置身如此清潔現代的月台上？我要去哪裡？」下一秒，列車門開，我跨步踏進車廂，但其實自己並不確定接下來要去哪。反正，時間會推著我往前。

我仍記得許多次，正值用餐時間，自己站在人來人往的十字路口，茫然不知所措，幸好我有一整個紅燈的時間可以決定方向。只是，當紅燈秒數開始倒數，我卻仍然想不起究竟該去哪，反覆在腦中搜尋出國前的記憶，近二十年的台北生活，究竟以往我在那一帶都是習慣去哪用餐？

我的人際網絡也變了。經常想不起以往下班時會約誰吃飯、周末會找誰一起去看電影……離開了兩年，斷了聯絡，有時突然想找朋友，對著通訊軟體，卻不好意思，也不知從何開口。我開始意識到，迎接接下來全新的生活，我得花些時間，才能重新建立起人際網絡。

隨著日子一天天過去，約莫半年後的某天，我突然發現那感覺已不知不覺消失。我再次建立起全新的生活網絡，腦中畫滿各種被生活制約的地圖，不再經常需要思考下一秒該去哪、該做何事。

但這一切其實並不難，只要時間夠久，你自然會養成新的生活習慣。真正難的在於你如何融入這座城市，找到被這座城市重新接納的歸屬感。在美國時，常聽到老美愛講 settle down（安定下來），那不像是搬家，只要將所有打包的箱子全打開，重新歸位那麼簡單，而是一種心理狀態，讓生活步入正常軌道。準備離開紐約回台灣時，偶爾會在心底糾結，兩年的時間，好不容易才融入這座城市，卻又要離開，重頭適應另一段新的生活。

記得初抵紐約前幾個月，走在曼哈頓街頭，望著眼前經常出現在螢光幕上的城市街景、人來人往的紐約客，感覺極不真實，腦中不時突然浮現此念頭：「世界如此大，許多人在不同角落，過著完全不同的生活，為何我活了四十幾年，卻始終將自己困在原地，沒有即早出發去追求不同人生的可能性？」那些瞬間，我打從內心慶幸，至少我已經出發在路上。後來，種種不真實的日常風景，隨著日子流逝，早已變成我熟悉的日常。

只是日子總是比想像中過得飛快，當我好不容易融入紐約的留學生活，轉眼已經畢業，回到原本離開的城市。闊別兩年後，帶著滿滿不同的生活歷練，以及全新的身分歸來。我暫時需要一段暖身時間，好融入這座城市原本熟悉的一切。然後，帶著興奮，期待我人生下半場的開賽。

不再是我的日常的想念。

下半場開打前，完全自由的感覺……

轉眼間，從紐約返台已逾一年，我過著如同二十九歲創立一人出版社時，那般全然自由的生活。這是我用這段斷捨離的旅程的代價才終於換來的。

重新找回自由後，我的生活出現許多預料中及預料外的改變。如同二十九歲當時，我沒有辦公室、沒有同事、不用打卡，還經常以咖啡館替代工作室；我不再有機車可以代步，出國前剛買不久幾乎全新的機車，在離開前已半相送給作者；我並未下載任何共享機車軟體，倒是喜歡騎著當年創業不久時買的腳踏車，當做主要代步工具，感受如當時般自由的心情。我時常騎著它，不拘目的地的四處晃蕩，試圖更加認識、理解這些年來這座城市真實的變化。

手上沒有簽約作者或書等待完成，我如同剛創業時，開始找尋我感興趣的作者，同時一邊思考任何可能的全新創業機會。但畢竟兩年多是段漫長的時間。台灣社會整體環境的變化，遠遠超出我離開時所能想像。加上二〇二〇突如其來的疫情，我在心底告訴自己：「慢慢來，給自己多些時間，先放慢腳步好好把日子過好，才能重新接軌融入當初離開的這個地方。」這段期間，我將它視為我人生上半場與下半場彼此銜接的過渡期。

生活再度找回自由，我開始固定每周上英文、瑜伽、重訓課，以及繼續以往每周末的乙組棒球賽等活動。漸漸地，這些已演變成我新生活的固定習慣。

同時，我改花比以往更多時間與家人相聚。二〇二〇年夏天，我特意安排了一趟家族旅行，再度重回日月潭，那個當時父親不捨我又將返回紐約學校、擔心挽留的離別現場。當我牽著父親的手，踏上同一座碼頭，望著父親近三年來明顯衰老、憔悴的面容，忍不住在心底慶幸，終於，我已是歸來的人，而非依依不捨的即將離去者。

當一個人生活擁有完全自由，某程度也象徵著對未來的未知，好比旅人手中拿著一張地圖，卻沒有人能告訴他，下一步或終點該往何處走，心底慌張徬徨在所難免。這段時間，我也常有這樣的心情，我試著告訴自己，把人生的鏡頭拉遠，想像十年後或更久，我將會如何定義這段迎接全新人生的旅程。然後帶著好奇、興奮、冒險與一點點玩心，期待著眼前未知的一切。

我不時想起申請留學簽證時，AIT 官員問我的那句：「你要重新設定你的人生嗎？」原來，人生可以放下人設，然後重新設定。這時，我才明白，我還是當年二十九歲時，那個愛玩、愛冒險，又帶著一股任性的「阿隆」——而我的人生下半場，比賽才正要結束中場休息——重新開始。

帶著興奮，期待人生下半場比賽開打。

自由並不是你想一生縱情徜徉的海洋，而是你想跨越的河流，然後才能讓自己在對岸扎根，並意志堅定的對某件事做出承諾。

——大衛・布魯克斯（David Brooks）。《紐約時報》專欄作者，暢銷作家。

國家圖書館出版品預行編目(cip)資料

放下人設,人生別急著找答案:迎接人生下半場的50道練習題 =So Long:The Halftime of My Life.
黃俊隆著,-- 早安財經文化有限公司,2021,02, 面,
公分(生涯新智慧;52)

ISBN 978-986-99329-1-2(平裝)
1.自我實現 2.成功法
177.2　　　109022313

生涯新智慧 52

放下人設,人生別急著找答案

迎接人生下半場的50道練習題

So Long —— The Halftime of My Life.

作者・攝影　黃俊隆
美術設計　林銀玲
特約編輯　無人設工作室
編校　柯若竹、洪玉盈、賴譽夫
行銷企畫　楊佩珍、游荏涵
發 行 人　沈雲驄
發行人特助　戴志靜、黃靜怡
出版發行　早安財經文化有限公司
電話:(02) 2368-6840　傳真:(02) 2368-7115
早安財經網站:www.goodmorningnet.com
早安財經粉絲專頁:www.facebook.com/gmpress
郵撥帳號:19708033　戶名:早安財經文化有限公司
讀者服務專線:(02)2368-6840　服務時間:週一至週五 10:00~18:00
24 小時傳真服務:(02)2368-7115
讀者服務信箱:service@morningnet.com.tw
總 經 銷　大和書報圖書股份有限公司
電話:(02)8990-2588
製版印刷　富友文化事業有限公司
初版 1 刷　2021 年 2 月
定　　價　450 元

ISBN　978-986-99329-1-2